HOTEL

酒店
营销与活动策划
从入门到精通

曾 增◎编著

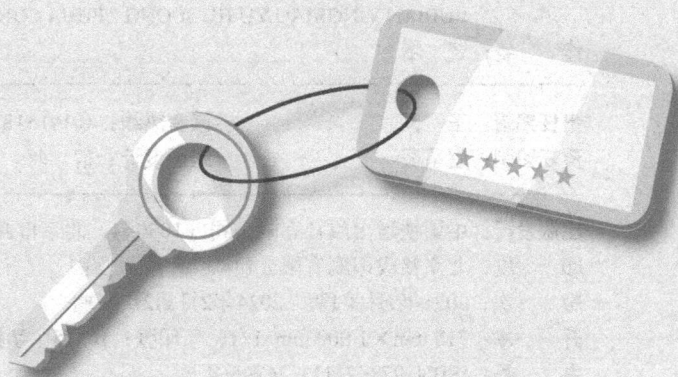

中国铁道出版社有限公司
CHINA RAILWAY PUBLISHING HOUSE CO., LTD.

内 容 简 介

本书通过有效的方法策略和大量的实例，向读者介绍了酒店营销和活动策划的相关内容。全书共10章，第1章为基础部分，向读者介绍了酒店营销部门的运作模式；第2～6章为第二部分，向读者介绍了酒店营销的策略：广告营销、文化营销、价格营销、互联网营销以及客房营销；第7～10章为第三部分，向读者介绍了不同类型的酒店活动策划内容：宴会活动策划、会议活动策划、主题活动策划、节假日活动策划。

本书读者定位主要是中小型酒店经营人员和管理者，以及有意愿开办酒店的相关人士；本书也可以作为酒店管理人员的培训教材和高校酒店管理专业的辅助教材。

图书在版编目（CIP）数据

酒店营销与活动策划从入门到精通/ 曾增编著.—北京：中国铁道出版社有限公司，2021.5（2024.2重印）
ISBN 978-7-113-26796-4

Ⅰ.①酒… Ⅱ.①曾… Ⅲ.①饭店-市场营销学 Ⅳ.①F719.2

中国版本图书馆CIP数据核字（2020）第061688号

书　名：**酒店营销与活动策划从入门到精通**
JIUDIAN YINGXIAO YU HUODONG CEHUA CONG RUMEN DAO JINGTONG
作　者：曾　增

责任编辑：王　佩　　　　　　　　读者热线：（010）51873022
责任印制：赵星辰　　　　　　　　封面设计：宿　萌

出版发行：中国铁道出版社有限公司（100054，北京市西城区右安门西街8号）
印　刷：北京铭成印刷有限公司
版　次：2021年5月第1版　2024年2月第2次印刷
开　本：710 mm×1 000 mm　1/16　印张：16.75　字数：225千
书　号：ISBN 978-7-113-26796-4
定　价：55.00元

前言

在旅游行业发展的带动下，酒店行业也得到了飞速发展，越来越多的中小型酒店、旅店及民宿如雨后春笋般冒了出来。如何从众多的酒店中脱颖而出，这就不得不提酒店营销。

酒店的营销直接关系着酒店未来的发展，所以尤为重要。酒店管理者需要利用酒店的资源，积极开发各种营销策略，以达到优质营销的最终目的。

酒店营销实际上是挖掘并满足客人住宿、饮食、会议、休闲、娱乐及商务等需求，从而让客人了解酒店的产品进而消费的过程。所以，酒店的营销活动涉及多个方面的知识。另外，酒店的营销活动需要大量的人气积累，通过活动策划可以快速实现，所以酒店需要不时举办各种活动，在为酒店积累人气的同时，还能够树立酒店良好的品牌形象，为酒店增加营收。

为了帮助酒店管理人员快速掌握酒店营销的相关策略，以及酒店活动策划的知识，我们特别编写了本书。

本书共包括 10 章内容，具体章节的内容如下所示。

◎ 第一部分：第 1 章

　　该部分为本书的基础部分，主要介绍酒店营销部门的相关知识，包括酒店营销部门的认识、部门分工、绩效考核及管理制度等，帮助读者快速掌握酒店营销部门的运作和管理。

◎ 第二部分：第 2 ～ 6 章

　　该部分为本书的主要部分，介绍了酒店的营销方式，包括广告营销、文化营销、价格营销、互联网营销及客房营销。书中通过大量具体的营销手段帮助读者快速学习和掌握酒店的营销管理。

◎ 第三部分：第 7 ～ 10 章

　　该部分为本书的重点内容，主要介绍了酒店经营过程中各种类型的活动策划，包括宴会活动策划、会议活动策划、主题活动策划及节假日活动策划，向读者介绍了不同类型活动策划的重点和主要知识。

　　本书摒弃了大量枯燥的理论知识，通过实际有效的方法策略，向读者介绍了大量酒店营销的相关方法和活动策划的重点。同时，本书在语言上力求通俗易懂，简单精练，避免生僻词，更容易被理解，也能够加深读者对本书的印象。

　　本书读者定位主要是中小型酒店经营人员、管理者和从业者，以及打算开办酒店的相关人士。希望所有读者都能从本书中获益，掌握酒店营销和活动策划的相关方法。

　　由于编者经验有限，加之时间仓促，书中难免会有疏漏和不足之处，恳请专家和读者不吝赐教。

编　者
2019 年 8 月

目录

第1章 基础入门：酒店营销部门运作模式全掌握

酒店的营销部门是酒店的核心部门之一，负责酒店的营销方案策划、酒店客户渠道拓展、活动策划以及客户关系维系等工作，与酒店的发展和前景有着密不可分的关系。

第 2 章　广告营销：酒店信息广而告之

"酒香也怕巷子深"，再好的酒店也需要宣传推广，而广告就是最为直接有效的推广方法之一。营销者通过各种各样的传播媒介向公众传递酒店的信息，以扩大酒店的影响力，并提高酒店知名度。

第3章 文化营销：酒店文化价值推广

酒店文化营销指将酒店的文化介绍给客人，让酒店文化成为社会文化的一个有机组成部分，并引起客人的认同。同时充满文化内涵的营销，往往更具人情味，更能体现酒店的核心价值。

第4章 价格营销：酒店的盈利之本

价格营销是酒店营销中的重要组成部分，也是直接表现酒店盈利能力的营销手段。但是价格营销不是一味地降低价格，而是根据市场需求情况来合理制订价格，从而刺激客人消费。

第5章 互联网营销：新时代下的营销技巧

随着时代的进步与发展，各种各样的网络与科技进入人们的日常生活，甚至成了人们的必需品。酒店营销如果能够紧跟潮流，运用新型营销手段，除了能够吸引客户的关注之外，营销的效果也更明显。

第6章 客房营销：展现出酒店的专业和标准服务

客房是酒店的核心产品，也是酒店的主营业务，客房营销包括客房的配置、清洁以及住房管理等，目的在于为客人提供一个舒适、美观以及安全的理想住宿环境。

6.1 不同类型客户的客房营销 /133

第7章 宴会活动策划：超出客户期望的服务标准

如今越来越多的人愿意将宴会活动的举办地点迁至酒店，因为酒店不仅能够提供美味的餐食、宽敞的宴会厅，还能够提供专业和贴心的服务，为其省去了许多不必要的麻烦。

第8章 会议活动策划：商务与酒店服务的结合

在经济增长的强劲势头下，传统的酒店经营模式渐渐不能满足企业的需求，会议型酒店应运而生，成为酒店行业中的新产品。它既有企业会议的商务性，也有酒店服务的传统性，能够让客人在会议工作之余，轻松享受酒店的住宿和美食。

第9章 主题活动策划：抓住酒店营销的好时机

越来越多的酒店热衷于开展各种各样的主题活动，虽然表面上酒店付出了大量的资金成本和人力成本，但实际上主题活动的举办却大幅拉升了酒店的人气，为酒店做了良好的推广宣传，是酒店营销的一个好机会。

第 10 章 节假日活动策划：提升营收和酒店形象

节假日是游客出行的高峰，也是各大酒店产品销售的黄金时期。为了能最大限度地争取更多的客人，酒店制订多种节假日活动策划。在吸引客人眼球的同时，也为酒店带来了直接的高收益和树立了良好的品牌形象。

基础入门：酒店营销部门运作模式全掌握

第1章

01

　　酒店的营销部门是酒店的核心部门之一，负责酒店的营销方案策划、酒店客户渠道拓展、活动策划以及客户关系维系等工作，与酒店的发展和前景有着密不可分的关系。因此，想要保障酒店正常运营，首先需要了解酒店营销部门。

1.1
对于"酒店营销"的认识

随着旅游产业的爆发性发展，国内的酒店行业也得到了快速发展，许多大大小小的酒店像雨后春笋般涌现了出来。为了提高酒店的行业竞争力以便吸引更多的客户群体，酒店经营者纷纷在酒店营销中下足功夫。酒店营销也成为酒店管理的重中之重。

1.1.1 酒店营销的概念

酒店营销是市场营销的一种，也是酒店经营活动的重要组成部分。酒店营销就是为了满足客户的合理要求，让酒店盈利而进行的一系列经营、销售活动。但是酒店营销不是酒店销售，它的工作内容包括了解、探究和满足客户的消费需求和购物欲望，确定酒店的目标市场，并且设计、组合和创造适合的酒店产品，以满足市场的需要，最终实现酒店盈利的目的。

综上所述，酒店营销主要包括 3 个任务。

①确定潜在的目标客户群体。

②策划符合客户需求的酒店产品和服务。

③使潜在的客户成为真正的客户，以实现酒店盈利。

酒店营销与市面上的其他营销有所不同，酒店营销的产品是有形产品和无形服务的结合，即它不像市面上单纯以物质形态表现出来的有形产品。因此，酒店营销具有以下特点。

综合性。客户对酒店的需求综合性较高，除了单纯的吃饭和住宿休息之外，常常还包括购物、娱乐、信息交流以及商务活动等。

无形性。酒店销售的产品和服务通常都是无形的，客户购买之后，可以在一定的时间和空间内拥有使用权，但却无法占有。酒店产品的质量评价也往往取决于客户的主观感受。

时效性。酒店的产品还具有时效性，即不可保存，例如酒店的服务和酒店的住房，客户时间到期之后，即完结。

易波动性。酒店产品容易受到季节、地理、政治、经济、社会以及自然等因素发生波动变化，波动性较强。例如在旅游旺季时，酒店产品价格因为供不应求而出现大幅上涨。

1.1.2 制订营销计划吸引消费者

由于行业竞争的加剧，只关心产品的运作方式已经远远不能满足当前市场激烈竞争的需求了。酒店想要发掘更多的潜在客户就需要制订一份真正具有竞争力的营销计划。

◆ 准备阶段

不打无准备之仗，酒店营销计划也是如此。在实施之前首先需要经过完善的准备工作。准备工作包括确认营销的主题、目的以及需要达到的目标。然后还需要提前准备好必备的条件，包括营销策划实施的物资、人力以及财力等。

◆ 调研阶段

调研主要是为酒店营销策划收集、获取以及整理信息，它是营销计划重要的基础工作，同时资料充足和数据齐全的调研也可以提高营销策划的整体质量。

调研的数据通常包括同期行业酒店的营销数据、行业成功的典型营销方案、历史文化、环境特点以及竞争对手分析等。

◆ 设计创意阶段

该阶段是酒店营销计划的核心阶段，也是酒店营销计划成功与否的关键阶段。创意需要围绕"独创性、影响力、持续性"3个方面来思考。创意的来源主要有以下几点。

创意来源于生活。生活是创意的主要来源，任何的营销计划都离不开生活。

创意来源于大胆的幻想。大胆的幻想是创意的基础，不要将思维局限于既定的框架中。

创意来源于自己的兴趣。可以试着将自己的兴趣爱好与策划相结合，这样一方面可以提高自己的兴趣，另一方面也可以从另外的角度重新思考。

创意来源于日常的积累。创意往往不是一蹴而就的，而是日常的大量积累打下结实的基础。

◆ 实施阶段

实施阶段指将营销计划方案转化为实际的行动和任务的部署过程，保证这种过程顺利完成，以实现营销策划所制订的目标。营销计划的实施阶段主要解决5个问题：做什么？什么时候做？谁来做？谁负责管理？费用是多少？

◆　预测结果

制订营销计划时，还需要对营销计划实施后的结果做一个初步的预测，即策划可能达到的效果。预测的结果包括直接经济效果、客户群数量结果以及酒店宣传效果等。

1.1.3　控制节奏有效执行营销计划

控制营销计划指管理者为了监督和考核营销活动的每一个环节，确保其按照预期目标运用而实施的一整套规范化约束行为的工作程序或制度。控制营销计划方案具体优点如表 1-1 所示。

表 1-1　控制营销计划实施的优点

优点	内容
保障顺利进行	营销策划方案控制能够使管理者准确把握策划的实际进度，明确实施过程中遭遇的难题，使策划能够顺利实施，从而有效实现酒店目标
即时调整	实行营销策划方案控制有利于管理者在发现不确定影响因素时，快速有效地调整营销活动方案
发现问题	实行营销策划方案控制还能有助于及时发现实施过程中存在的问题，以便寻求最佳解决方法，提高效率
监督和激励	实行营销策划方案控制能够有效监督和激励工作人员努力工作，保障计划的高效进行

酒店营销策划方案控制的步骤如图 1-1 所示。

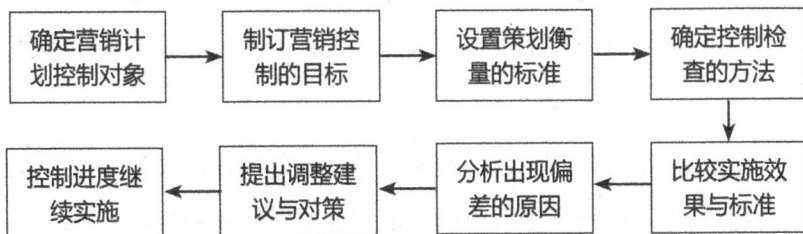

确定营销计划控制对象 → 制订营销控制的目标 → 设置策划衡量的标准 → 确定控制检查的方法

控制进度继续实施 ← 提出调整建议与对策 ← 分析出现偏差的原因 ← 比较实施效果与标准

图 1-1

1.2
营销部门内部分工明确

我们知道了酒店营销是酒店经营的核心工作，自然而然，营销部门也是酒店的重要职能部门。分工明确和责权清晰的部门组织结构是营销部门高效运行的前提。

1.2.1 营销部的服务内容

酒店营销部是集酒店推广和销售于一身的部门，负责酒店与外部市场的连接以及商务活动的扩展，是酒店与客户、媒体以及社会保持友好关系的纽带，也是挖掘潜在客户、了解竞争对手以及策划实施营销方案实现酒店盈利的重要部门。具体而言，营销部的工作内容主要包括以下6点。

①营销部门是酒店的核心部门，承担着酒店营运的重要工作，主要包括酒店市场分析、计划、执行与控制工作，负责酒店的产品组合、产品销售以及客户开发等工作。

②营销部门不能单一存在，它需要与各个部门沟通协作，例如客房部、餐饮部以及后勤部等，如果脱离了其他部门，那么营销部也就无法正常运行。

③营销部是酒店对外沟通联系、开展业务的直接部门，所有客户的对接、开发，以及活动的组织、策划都离不开营销部。所以，可以

说营销部既是酒店的招牌，也是酒店面貌的直接体现。

④营销部是酒店信息中心，负责市场的调研、开发、预测并制订相关战略计划，确定酒店发展目标。因此，营销部对酒店的运营起着指挥、引导作用。

⑤营销部负责酒店日常性的销售工作，还包括处理业务往来函件、传真、电话和来访，回答客人关于酒店产品、价格、优惠等相关事宜。

⑥负责各类会议、宴会、旅行团队的接洽工作，这项工作拓展的是否有力，直接关系到酒店营收水平的高低。

以上，是营销部门的主要服务内容，但绝不止于此，具体的内容根据酒店的实际情况可能会有所不同。

1.2.2 营销部的岗位设置情况

营销部的岗位设置是酒店经营者比较头疼的问题，设置的不合理容易出现冗余过多、流程复杂、工作低效以及增加成本等问题。因此，如何科学化、规范化以及系统化的构建酒店营销部门成了酒店经营者普遍关注的问题。首先，组建营销部门需要遵循 3 个基本原则。

简单原则。部门的设置要简单，层级扁平化。

实用性原则。具体的岗位设置要遵循因岗设人，岗位分阶段推进原则。

高效性原则。所有的岗位都是为保持高效工作，因此设置岗位时要确保分工明确，责权清晰。

市场部和销售部是营销部的组成部门，缺一不可，营销部组织结构如图 1-2 所示。

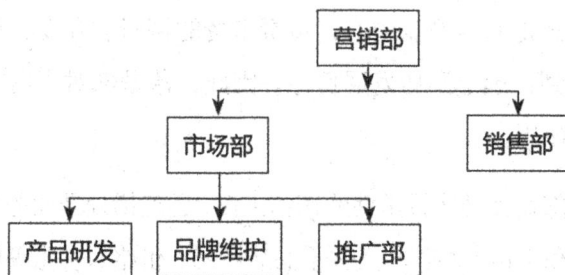

图 1-2

营销部员工岗位结构，如图 1-3 所示。

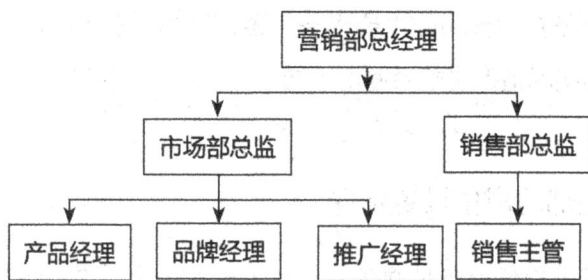

图 1-3

1.2.3 各个岗位的职责要求

确定了营销部的岗位组织架构之后，还要明确各个岗位的职责内容，以便做到责权分明，具体的岗位职责如表 1-2 所示。

表 1-2　营销部岗位职责说明

岗位	职责
营销部总经理	负责酒店整个营销部门的管理，并对酒店的营销工作进行分析、计划、执行和控制，制订部门绩效任务方案；以确保酒店营销部门工作的正常运转；另外，根据营销效果为酒店经营者提供酒店发展战略计划

岗位	职责
市场部总监	1. 拓展酒店的市场策略，把握酒店在行业中的发展方向，完成酒店在行业中的市场定位，并及时提供市场反馈。 2. 根据营销部总经理制订的业务计划，制订和实施酒店产品市场推广计划。 3. 制订和实施产品的价格体系，确定营销计划，组织市场的开发和挖掘。 4. 监督和管理市场部的运行
销售部总监	1. 根据营销部总经理制订的业务计划，建立销售方案。 2. 与客户、行业相关人员之间保持友好联系，建立良好合作关系。 3. 研究和开发多种销售方案计划，完成销售任务。 4. 引导和控制销售任务完成进度。 5. 管理销售人员，帮助建立和完善优秀的销售队伍。 6. 深入了解和挖掘客户信息，寻找客户需求，整理销售数据，为酒店的发展战略提供重要依据
产品经理	1. 结合酒店的发展规划，制订产品计划。 2. 负责产品的开发、研究、生产以及采购等相关事项。 3. 负责产品的包装、价格制订以及衍生产品等事项。 4. 协助产品的宣传和促销等工作
品牌经理	1. 拟定酒店品牌文化发展策划和促销方案。 2. 制订酒店品牌推广计划。 3. 做好客户调查和品牌跟踪调查。 4. 树立和维护酒店品牌。 5. 提升酒店品牌竞争力，包括协助改良产品、研发新品以及制订酒店运营战略计划等
推广经理	1. 制订酒店的年度、季度以及月度市场推广计划。 2. 制订产品的分销计划。 3. 负责各种推广方案的制订，推广费用预算与控制。 4. 负责推广方案的实施、控制与监督，并对推广活动进行评估分析
销售主管	1. 负责产品的售前、售中、售后等服务工作。 2. 确保完成酒店下达的销售任务。 3. 负责酒店年度、月度销售计划的制订。 4. 激励销售人员的工作斗志，培训员工掌握销售技巧

1.3
绩效考核提高营销部服务质量

绩效考核是人力资源管理体系的重要内容，在酒店营销部门中，绩效考核不仅能够增强组织的运行效率，也能够提高员工的职业技能，推动营销部门的良性发展，激发员工的工作热情，使其工作更高效。

1.3.1 营销部量化指标

为了保证绩效考核的公平性，酒店的绩效管理应该采取量化方式进行，将原本主观性强和标准性低的工作内容按照一定的标准进行具体量化，以便管理者轻松完成员工的管理和激励。

酒店营销部的量化指标如图 1-4 所示。

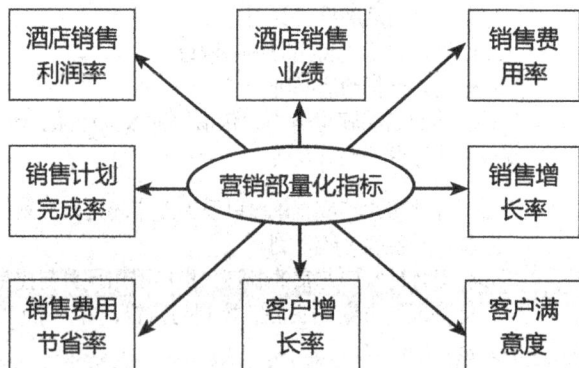

图 1-4

具体内容如表 1-3 所示。

表 1-3 指标内容

指标	内容
酒店销售利润率	酒店销售利润率是酒店利润与销售额之间的比率。它是反映酒店销售收入的收益能力的指标、属于盈力类指标
酒店销售业绩	酒店销售业绩指酒店的直接销售额，是酒店营销方案实施的结果体现
销售费用率	销售费用率即酒店销售成本占总营业收入的百分比，用以计算酒店的盈亏，考核酒店销售成本
销售计划完成率	销售计划完成率指完成销售业务的百分比，是员工能力的直接体现指标之一
销售增长率	销售增长率是酒店本年销售收入增长额同上年销售收入总额之比。本年销售增长额为本年销售收入减去上年销售收入的差额，它是分析酒店成长状况和发展能力的基本指标
销售费用节省率	销售费用节省率指销售费用预算减去实际发生的销售费用除以销售费用预算，它是销售成本预算指标，用较少的成本完成同样的，甚至超额的销售任务是员工个人能力的体现
客户增长率	客户增长率指酒店争取新客户获得成功的比例，它反映出了酒店挖掘潜在客户、扩大市场占有率的能力
客户满意度	客户满意度是客户对酒店服务情况满意程度的调查，也是营销部门工作的直接结果反应

通过这些具体的量化标准，使原本模糊的工作绩效有了清晰的考核标准。营销部门可以根据这些指标，结合实际的工作数据进行基数计算，制订详细的业绩考核标准，以完成员工的考核与激励。

1.3.2 员工个人绩效考核量表制作

绩效考核是对员工工作行为与工作结果的全面地、系统地、科学地以及公平地进行考察、分析和评估的过程。绩效考核的目的不在于考核，而是通过考核的手段完成员工激励。

员工的绩效考核需要从两个方面来进行评价：一方面是员工工作的结果；另一方面是对员工在工作中为酒店的贡献程度做出客观且公平的评价。所以绩效考核的内容如图1-5所示。

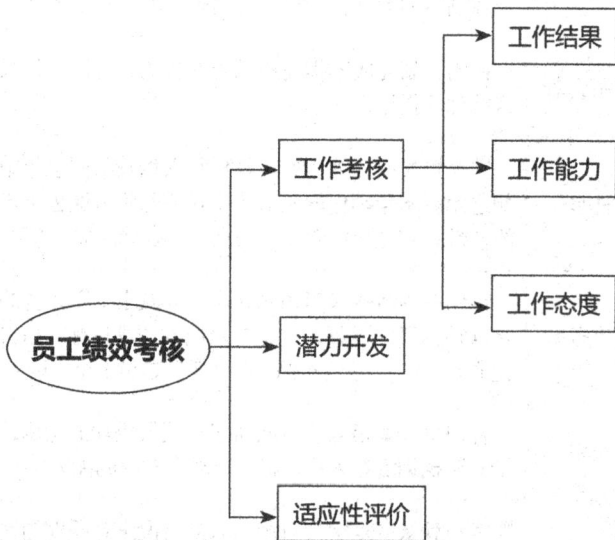

图 1-5

◆ 工作考核

工作考核包括3个方面的内容，即工作结果、工作能力和工作态度。工作结果是绩效考核的直接考察点，即对员工负责工作的结果进行评价，考核的指标包括工作的数量、质量、时间以及业绩数据等方面。工作能力即员工完成担当工作所必备的知识、经验和技能，具体包括基础能力、业务能力以及素质能力。工作态度指员工完成工作过程中表现的心理状态，例如认真、负责以及努力程度等。对员工工作态度的肯定可以直接对员工起到激励作用。

◆　潜力开发

潜力开发指员工在工作中没有直接表现出来的能力，绩效考核需要肯定员工的价值，关注员工未来的发展，是否具备担当其他职务或者高一级职务的能力。

◆　适应性评价

客观性评价指员工所从事的职务与其性格、兴趣以及个人志向的符合程度。对员工适应性的评价通常涉及两方面的内容：一是人与工作之间，即员工的能力、性格与其工作要求是否相符；二是人与人之间，即员工与合作共事者之间在个性、特征方面的差异是否会影响其工作能力的发挥。

在了解了考核的具体内容之后就可以制作绩效考核表了销售主管的绩效考核表，如表 1-4 所示。

表 1-4　销售主管绩效考核表

考核期：	年	月	日			
姓名		部门		岗位		
第一部分：工作总结考核						
工作完成情况自述	工作计划			工作总结		

续上表

直管上级考核				
		签名： 年　月　日		

第二部分：工作考核

考核指标		分数	自我评定	上级评定	
				评分	依据
销售业绩（24%）	1. 销售业绩完成情况	1 ～ 14			
	2. 部门销售业绩完成情况	1 ～ 10			
销售行为（36%）	1. 销售计划与总结	1 ～ 6			
	2. 客户关系管理和维护	1 ～ 6			
	3. 部门成员管理与激励	1 ～ 6			
	4. 部门销售工作执行情况	1 ～ 6			
	5. 部门人员招聘与管理	1 ～ 6			
	6. 部门事务综合管理	1 ～ 6			
竞争意识（10%）	竞争对手信息收集	1 ～ 10			
工作能力（18%）	1. 分析与思考问题的能力	1 ～ 5			
	2. 判断与解决问题的能力	1 ～ 5			
	3. 有效沟通和反馈的能力	1 ～ 4			
	4. 自我学习和管理的能力	1 ～ 4			
工作态度（12%）	1. 对待工作的责任心	1 ～ 4			
	2. 团队协作精神	1 ～ 4			
	3. 工作的热情与积极性	1 ～ 4			
合计		100			

续上表

第三部分：考评结果汇总		
销售主管绩效考核成绩 ＝ 业绩考核评分 ＋ 能力考核评分 ＋ 态度考核评分 考核等级：A　　B　　C　　D　　E	分数	A：90 ～ 100 B：80 ～ 90 C：70 ～ 80 D：60 ～ 70 E：60 分以下

附则说明		
绩效考核成绩、绩效奖金以及相应处理办法如下：		

绩效考核成绩	绩效奖金发放比例	处理办法
A 级	100%	优秀
B 级	90%	表扬
C 级	80%	鼓励
D 级	70%	面谈
E 级	0	处理

　　从该绩效考核表单中我们可以看到，绩效考核从工作结果、工作能力以及工作态度 3 方面入手，结合相应的数据考核指标对员工的工作情况进行了考核分数评定。这样使考核不再单纯以数据业绩的考核重点，而是从多角度考察员工未来的发展能力和适应性，给予员工更公正客观的评价。

1.3.3　员工绩效考核的步骤说明

　　员工的绩效考核应该注重其公平性，不能搞一言堂，即如果员工对于评定结果存在异议，要给予员工申述说明的机会。这就要求员工的绩效考核步骤要严谨。图 1-6 所示为员工绩效考核流程图。

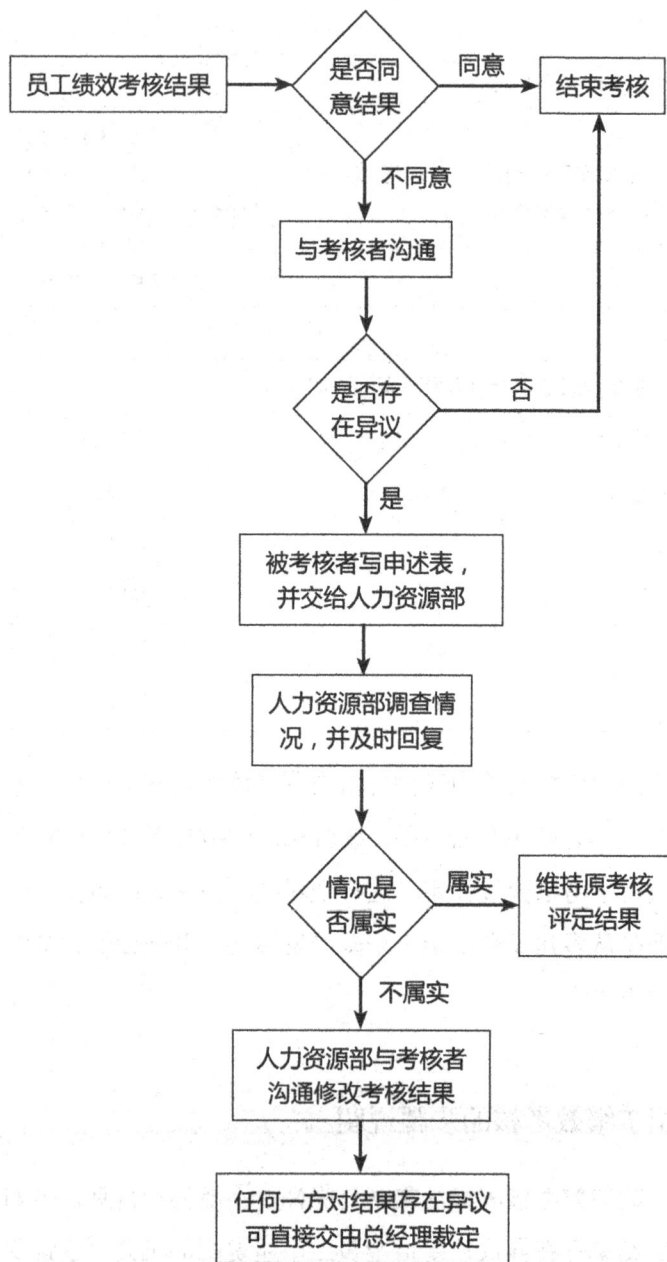

员工绩效考核结果 → 是否同意结果 —同意→ 结束考核

不同意 ↓

与考核者沟通

↓

是否存在异议 —否→（上行至结束考核）

是 ↓

被考核者写申述表，并交给人力资源部

↓

人力资源部调查情况，并及时回复

↓

情况是否属实 —属实→ 维持原考核评定结果

不属实 ↓

人力资源部与考核者沟通修改考核结果

↓

任何一方对结果存在异议可直接交由总经理裁定

图 1-6

从图 1-6 可以看到，员工绩效考核的每一个步骤都体现出考核的公平性，既允许申述，也进行双向沟通，尊重和重视员工感受，这样的员工绩效考核才能真正意义上实现员工激励的作用。

1.4
营销部全方位管理制度设置

没有规矩不成方圆，每个人的自觉性有限，如果仅仅依靠员工个人的自觉性来管理酒店，那么酒店将变得混乱不堪。酒店制订管理制度不仅能够规范、约束员工的言谈举止，还能够提高员工的工作效率和质量，形成一种良好的企业文化。

1.4.1　酒店员工工作守则

员工工作守则是员工的基础管理制度，也是能够让员工快速了解酒店并规范员工日常行为的制度。员工守则主要具备两项功能：一是使刚进入酒店的新员工快速了解酒店的历史、文化、运作模式以及日常规范等；另一项是规范员工的日常行为，强化酒店对员工的基本要求，以提高酒店的整体运作效率。

员工手册的主要内容包括总则、组织管理、劳动管理、行为规范、员工福利、奖惩规定以及安全守则等。其中员工最为关心的通常是关系切身利益的福利待遇、奖惩规定以及行为规范要求。员工的福利待遇和奖惩规定与一般企业大致相同，但因为是酒店服务行业的原因，所以相比一般行业而言对员工的行为规范更为严格。下面具体看看某五星级酒店员工守则中的行为规范管理制度。

第四章 员工行为规范

4.1 员工关系

员工之间应以礼相待，互相谅解，合作共事。员工必须切实执行直属领导指派的任务，如遇疑难或不满应从速向直属上级请示或申述。

4.2 员工与客人的关系

不准向客人索取钱、物，更不能与客人私下交易，或要求客人代办事项。

4.3 员工考勤

4.3.1 员工按时上下班，并打卡记录工作时间，任何员工不允许出现替代打卡的情况。

4.3.2 员工不能擅离职守，如有事离开，须向上级请示，经批准之后能离开。

4.3.3 员工应积极主动，恪尽职守，不得消极怠工，更不能做与工作无关的事。

4.4 员工个人卫生与仪表

员工必须保持高标准的仪容卫生，在对客服务过程中应尊重客人和自我尊重。员工必须了解并遵守酒店的卫生标准。

服装：统一穿戴酒店分发的制服，并佩戴胸牌，不能有破损、缺口以及污渍。

指甲：保持清洁，不得超过指甲床0.5毫米，不可涂指甲油（非接触食品者可涂无色指甲油）。

饰物：不得佩戴手表以外的其他饰物，且手表款式不能夸张。

鞋：穿着酒店按岗位配发的工鞋，清洁（皮鞋光亮）。酒店未配发的，一律穿着黑色皮鞋（款式参照酒店配发给一线的皮鞋），清洁光亮。男鞋后跟不能高于3厘米。女鞋后跟不能高于6厘米。

男员工：

头发：前不过眉，侧不遮耳，后不盖领，鬓角不过中耳线，整齐、清洁、光亮（打发乳或摩丝），无头屑，不留怪异发型，保持黑色，发长不得短于2厘米。

面部：保持整洁，不得有胡须，无眼垢、耳垢。

袜子：黑色或深蓝色袜。无破洞，裤角不露袜口。

女员工：

头发：前不过眉，后不过肩，长发盘起，头饰颜色与发色反差小，整齐、清洁、光亮（打发乳或摩丝），无头屑，不留怪异发型，头发保持黑色。发长不得短于12厘米。

袜子：薄肉色袜，无脱丝、破洞，裙角或裤角不露袜口。

面部：应化淡妆，口红颜色为红色（浅不过粉红色，深不过朱红色），无眼垢、耳垢。

香水：清新、淡雅。涂于耳背及手的脉搏部位。

个人卫生：

身体清洁无异味，口腔清洁无异味，牙齿无残留物，双手清洁，鞋、袜清洁无异味，勤洗内衣，勤换工作服。

根据上述守则内容我们可以看到，经营者用了大量篇幅对员工的卫生做了细致的要求，包括指甲、饰物、袜子以及头发等，说明了酒店行业对员工卫生要求的严格性。

卫生是酒店经营的根本和基础保障，做好酒店卫生管理是酒店管理中不可忽视的工作。除了酒店客房、餐饮以及设备卫生之外，当然还包括员工卫生。

1.4.2 营销部员工出差管理制度

营销部承担着联系客户、挖掘客户、市场推广以及市场开发等酒店涉外工作，所以不可避免的常常会出现员工出差的情况。因此，需要对员工出差情况进行规范、细致以及周全的制度化管理。出差管理制度主要分为出差流程管理和出差费用管理两大部分，所有的管理条例都围绕这两点进行。

◆ 出差流程管理

为了规范化管理员工出差事宜和员工出差报销事项，酒店在出差管理制度中通常会对员工的出差流程进行严格的规定。某酒店营销部员工出差流程如图 1-7 所示。

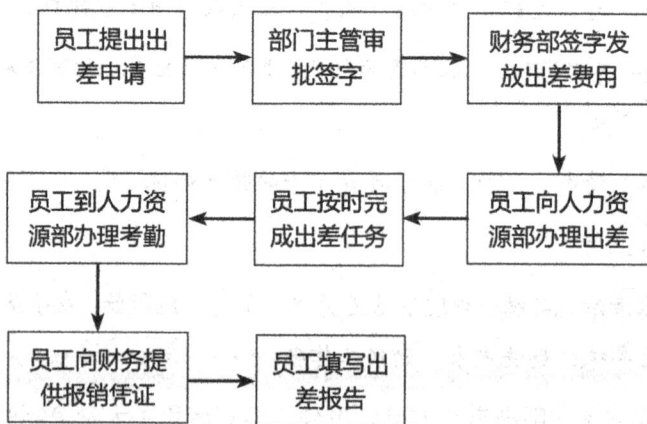

图 1-7

◆ 出差费用管理

出差费用管理的目的在于提高员工出差成本控制意识，降低出差费用。出差费用的管理主要包括员工的交通、住宿以及饮食费用，必要时还有宴请费用。出差管理制度中需要明确员工出差的交通、住宿以及饮食费用标准。有的酒店还会根据员工出差的地区差别以及员工职务级别差别而制订不同的费用标准。

下面具体看看某商务酒店营销部的出差管理制度。

某商务酒店员工出差管理办法

根据酒店有关规定，结合本酒店实际情况，本着既勤俭节约开支，又要保证出差人员工作与生活需要的原则，制订本制度。

一、本办法适用于本公司因公出差支领差旅费的员工。

二、出差审批程序

1. 员工出差，须事先详细填写《出差申请表》，并需经部门主管签署意见后报备总经理批准。

2. 批准同意后，出差员工凭《出差申请单》到财务部办理差旅费用借款手续。

3. 出差员工到人力资源部门办理出差考勤手续。

4. 如遇特殊原因未能及时办理《出差申请表》的，返回后应在第二个工作日内及时补办相关手续，如未补办或补办未获批准的，按照旷工处理，所有费用自行承担。

5. 出差返回后，员工需要提交出差报告，填写实际出差天数，交由办公室核准后，报销差旅费用。员工如遇特殊情况不能按时返回，须向主管电话请示续假。返回后第二日及时补办续假手续，如未补办或补办未获得批准的，按旷工处理，续假天数的费用自行承担。

6. 出差返回后，员工需要在 3 日内提交出差报告，及时回报出差成果。

三、差旅费用预借和报销规定

1.员工出差如需预借差旅费用，须凭批准后的《出差申请表》以及其他必需的凭证到办公室办理借款有关手续。

2.办公室核准实际出差天数后，办理报销手续。

3.员工出差返回后须在5个工作日内办理报销手续。

4.员工省内出差预借差旅费不得超过4000元/人，省外出差预借差旅费不得超过8000元/人。

四、员工差旅标准

出差的地点分为一类区，二类区。一类区指北京、上海、广州以及深圳等地，二类区指除一类区以外的城市。

1.食宿标准见下表：

表

职务	一类区	二类区
一般员工	500元/天	300元/天
项目经理级	700元/天	500元/天
总监级	900元/天	700元/天
公司级领导	1000元/天	900元/天

注：如果一般员工出差遇人数较多情况，可尽量安排合住。

2.交通工具规定：

原则上员工出差工具需乘坐火车和商务汽车，如果火车价格与当时的机票价格相差不大时，可乘坐飞机。具体的交通工具选择由部门主管视情况判断。

出差是一项非常辛苦的工作，员工不但要经历舟车劳顿，还要面对不熟悉的工作环境，有些员工甚至还要克服水土不服等情况。因此，很多酒店在制订员工的出差制度时，都会增加一些出差补贴制度，一方面是为了给予员工一些经济性补偿，另一方面也是感谢员工对酒店的付出。补贴通常除了津贴之外，还会有休假，如下所示为某酒店出差员工补贴制度。

补贴规定管理办法

1. 出差员工在启程日的 0:00 ～ 24:00 任一时刻出发皆可享受出差补贴，出差返回到派出地的当天不享有出差补贴。

2. 出差补贴费随当月工资一齐发放，享有出差补贴的天数要扣除出差期间休假的天数；出差期间因工作需要加班，只享有出差补贴，不同时享有加班补贴。

3. 员工出差补贴规定见表1：

表1

职务	一类区	二类区
一般员工	35元／天	20元／天
项目经理级	50元／天	30元／天
总监级	60元／天	40元／天
公司级领导	70元／天	50元／天

4. 员工出差补休规定见表2：

表2

返回时间	乘车时间	补休时间
≤1天	≤5小时	0天
1天＜返回时间≤3天	5小时＜乘车时间≤12小时	半天

返回时间	乘车时间	补休时间
3 天＜返回时间≤ 5 天	＞ 12 小时	1 天
＞ 5 天	＞ 12 小时	3 天

1.4.3 营销部交际宴请管理制度

营销部在拓展酒店业务、开发客户的过程中常常会涉及客户的宴请接待。为了节约成本，控制招待费用开支，规范员工的招待费用标准，合理使用酒店资源，增加透明度，酒店需要制订具体的交际宴请管理制度。

交际宴请管理主要内容包括宴请对象、宴请标准以及交际宴请的流程 3 个部分。

宴请对象。宴请对象即管理办法中需要对员工招待宴请的对象范围做出严格的规定，避免员工以公谋私，从中谋取私利。

宴请标准。宴请标准即对宴请费用的规定限制，一方面是为了节省和规范酒店宴请费用，另一方面也是为了杜绝浪费。

宴请流程。宴请流程即宴请接待的审批和报销流程，只有通过审批的宴请才可以正常报销。如果在没有得到审批的情况下，员工私自宴请客户，那么员工自行承担宴请费用。

下面具体看看某酒店交际宴请管理制度。

某酒店交际宴请管理制度

第一章　目的

为树立公司良好形象，扩大公司对外联系和交流，本着"热情礼貌、服务周到、厉行节约、对口招待、严格标准、统一管理"的原则制订本制度。

......

第二章 宴请对象范围

1.宴请对象必须是与工作直接相关的单位或个人，任何人不得以任何理由招待宴请与酒店经营或工作无关的对象。

2.招待对象必须与申请单上所指的对象相符。

第三章 营销部交际宴请的流程

1.申请部门或员工须事先填写《某酒店宴请申请单》，并且在申请单中写明以下内容：

（1）申请人的姓名和宴请理由。

（2）被宴请的宾客姓名、宴请单位、陪同人员以及陪同人数。

（3）宴请时间、宴请场所以及宴请标准。

2.将《某酒店宴请申请单》向上级主管部门提交审批。

3.申请部门或个人得到审批的《某酒店宴请申请单》后，根据审批结果到财务部预支宴请费用。

4.宴请结束后，申请部门将宴请的发票收据递交财务，财务对内容进行审核后再报销。

第四章 宴请费用控制

1.宴请事务实行"对口接待"原则。

2.未经批准而超出接待标准的接待费由接待人自行报销。

3.接待人员一般情况下由对口部门和相关人员陪同，陪同人数控制在 2～3 人，最多不超过需接待人员人数，如果被宴请的人只有一个，那么陪同的人不得超过两人。

4. 凡普通接待中午不能饮酒，如果晚餐必须饮酒的情况下，必须适量，不得饮酒误事损害酒店形象。

5. 宴请费用标准见下表：

表　宴请费用标准

客户级别	最重要客户	重要客户	一般重要客户	一般客户
人均标准	200 元以上	100～200 元	80～100 元	50～80 元

第五章　宴请的管理

1. 所有宴请须提前申请报备。

2. 本制度由酒店行政综合办公室制订，并负责解释。

3. 本制度自发布之日起实施。

广告营销：酒店信息广而告之

"酒香也怕巷子深"，再好的酒店也需要宣传推广，而广告就是最为直接有效的推广方法之一。营销者通过各种各样的传播媒介向公众传递酒店的信息，以扩大酒店的影响，并提高酒店知名度，树立良好的酒店形象。

2.1
用广告与消费者直接对话

广告作为一种宣传方式，具有强烈的目的性，能够直接、准确、有效的向消费者传达酒店信息，刺激潜在消费者成为直接消费者，以达到酒店营销的目的。

2.1.1 酒店广告与营销的关系

在酒店产品日益标准化的今天，消费者已经很难选择到真正适合自己的酒店了。提及酒店，消费者们往往想到的便是相同的客房、类似的服务以及相差无几的饮食，那么应该如何来凸显酒店的特色，以便消费者能够从众多相似的酒店产品中快速找到自己呢？答案是广告。

首先酒店产品具有其独特的特点，以广告的方式宣传更能有效地达到营销目的。具体特点如下所示。

①消费者对酒店产品的品牌忠诚度相较于其他类型的产品而言更低，在面对众多类似的酒店产品时，选择的空间大，很容易选择其他酒店。

②酒店产品的需求替代强，而且需求存在季节性、对价格的敏感性等因素。

③消费者在选择酒店产品时容易受到周边亲人、朋友以及同事等外界的影响和建议。

根据上述的酒店特点可以得出，如果客人在对某个酒店没有印象，没有基本了解的情况下，不大可能购买该酒店产品。而广告有广而告之的功能性，能够让更多的人知道并直接了解酒店及产品。

酒店广告在营销方面具有表 2-1 所示的功能。

表 2-1　酒店广告的营销功能

功能	内容
传播面广	广告的覆盖面较大，传播范围广泛，能够使酒店及其产品在短时间内被大众所了解认识，并产生印象
表现力强	广告往往会利用视频、音乐以及图片等技术手段来展示广告内容，表现力强，让广大消费者结合视觉和听觉来感受酒店及其产品，并能起到快速吸引消费者的目的
信息准确	广告的基本功能在于酒店的信息传递，而酒店营销部自己制作的广告往往是最能准确展示酒店文化、产品、品牌以及特色信息的
媒体效应	广告通过借助传播媒体来展示酒店信息，而媒体本身所积累的声誉、吸引力以及客户群体都会形成媒体效应，提高酒店的影响力

2.1.2　制作酒店广告的营销方案

酒店确定了广告营销策略之后，还需要结合酒店的实际情况，按照一定的步骤制作酒店广告营销方案。通常需要经过以下 6 个过程。

明确目标市场。广告营销首先需要明确酒店所针对的目标市场，即酒店面对的潜在客户群体，这样一方面可以避免资源浪费，另一方面也可以做到精准传播，以达到宣传推广的效果。例如创意型酒店所针对的顾客往往是具有创新精神，对新鲜事物接受度较高，敢于接受挑战的人。

　　展示自己的优势。广告除了传递酒店的信息之外，最为重要的是要充分展示自己的优势特点，提高自己的竞争力。只有这样才能够在众多的酒店产品中脱颖而出。例如历史气息文化的客栈，其广告应该充分展示自己的历史文化底蕴，以展示自己的独特魅力。

　　确定广告的作用。根据不同的需要，广告具备不同的作用，例如酒店的开业通知、活动促销、信息宣传。这些不同作用的广告决定了广告的侧重点，例如开业通知性广告，主要用于酒店市场开拓阶段，目的在于开发新客户、宣传酒店。而活动促销则通常出现在淡季，目的在于提醒客户，让客户对酒店产品保持记忆，以便客户在需要的时候，立即反映出酒店信息。

　　做好广告预算。每一项营销推广都需要做好预算，以便分析营销的投入与回报。广告预算指实现酒店广告计划，达到广告目标所需的经费计划。它规定在广告计划期内，从事广告活动所需的经费总和及使用范围。常用的计算方法包括量力支出法、按需支出法以及按比支出法。

　　选择适合的媒体。广告投递的媒体较多，例如电视、杂志、手册以及广告黄页等。具体选用什么样的媒体是由广告信息的意图、传递信息的类型以及要传达的市场所决定的。

　　评价广告效果。优秀的广告营销离不开对广告效果的反复评价、分析以及比较衡量。既是对已进行的广告的总结，也是对今后广告策划和营销策划的借鉴。

2.1.3 酒店广告文案设计

　　一份优秀的广告文案设计除了具有准确表达出酒店信息的基本功

能之外，还需要打动人心，引起共鸣，从而刺激消费。只有这样的广告才能够给人留下深刻的印象，以达到营销的目的。由此可以看出，广告文案设计并不仅仅是灵感和创意，关键在于"打动人心，注重真情实感"。具体到广告文案设计上来说，主要包括 3 点内容。

◆ 以客户视角考虑，注重客户感受

广告文案设计要切换身份，以客户的身份来体验酒店及酒店产品，以客户的视角查看分析酒店及其具备的优势和特点，再深度挖掘酒店产品中可能存在的、能够引起共鸣的点，锁定为核心传播内容。只有从客户角度思考的文案，才能够吸引用户。

◆ 广告语简明扼要，抓住重点

广告语言在形式上并没有过多的要求，既可以是单句，也可以对句。但一般而言，广告语的字数相对较少，便于传播。在内容上，广告语要抓住重点，简明扼要，便于重复记忆和传播。下面来具体看看酒店的一些广告语。

同饮一江水，共聚万众一心——同心酒店

品一品，尝一尝，欢乐在东风——东风饭店

饮食娱乐共一炉，幻彩丽影齐欣赏——欧陆风情酒店

简单而言，酒店广告语就是酒店的标语，需要通过重复传播积累来完成认知，具有一定的稳定性、识别性。因此，一般情况下广告语都很简短、精练，既能准确表达酒店的特点，又能让人快速记忆。

◆ 融入真情实感

广告文案的策划中还需要融入真情实感，以画面、文字以及声音等方式传递出情绪，并通过情绪引起消费者深层次的共鸣，使消费者对广告中提及的酒店产生认同感，这有利于后期客户的有效转化。

平面类酒店广告营销

广告营销的方式多种多样，其中最为传统、运用最多的就是平面的广告营销，例如宣传单、展板以及杂志等。这类的广告以精练的文案、直观生动的画面传播产品信息，吸引眼球，进而达到营销的目的。

2.2.1 制作酒店宣传单

宣传单又被称为宣传单页，是商家为宣传商品自己印刷的一种纸质传单，一般为单张双面印刷或单面印刷，单色或多色印刷。某快捷酒店的宣传单，如图 2-1 所示。

图 2-1

根据该酒店宣传单我们可以看到，酒店宣传单的设计主要从酒店的产品、酒店的服务、酒店的规模、酒店的位置以及酒店的特色等方面做简单的介绍。

在设计酒店宣传单时要注意以下 4 点。

①宣传单的设计要懂得大胆运用色彩，给人以强烈的视觉冲击，能留下深刻的印象，但是也要注意美感，注重色彩搭配。

②宣传单中的内容要重点突出酒店特色，尽量做到与众不同，体现出酒店的竞争优势。

③宣传单的内容一定要吸引人，才不会被读者随手扔掉。要吸引人即要求宣传单的内容具有价值，可以在宣传内容中添加优惠券、抵用券以及打折优惠等信息。

④酒店宣传单设计要表现出高档、享受以及舒适等感受，可以在设计的过程中使用一些独特的酒店元素来体现酒店的品质。

酒店宣传单的内容设计是宣传单制作的关键，也是宣传成功与否的关键。宣传单内容制作通常需要经过以下 5 个步骤。

第一步，吸引力的标题。宣传单首先需要一个具备吸引力的大标题，标题内容可以是酒店名称，也可以是酒店活动名称，还可以是酒店的服务宗旨。

第二步，酒店产品和价位。宣传单中可以列出酒店的主要产品或特色产品，并列出产品的价位。

第三步，列出特色服务和环境特色。市面上的酒店及酒店产品大致相同，在这样的情况下，设计宣传单时就要在宣传单中列出酒店的特色服务或环境特点，以提高竞争力。

第四步，优惠和打折。可以在宣传单中增加一些优惠信息或者打折活动，例如凭此单可享受8.8折，这样一方面可以增加宣传单的价值，另一方面也可以提升酒店人气。

第五步，插入酒店真实图片。还可以在宣传单中插入酒店的真实图片，体现出酒店的干净、整洁、卫生。图片一定要注意真实性，只有真实的图片才不会让客人有被欺骗的感觉，才会提高客人的体验度。

2.2.2 设计酒店户外广告牌

户外广告牌在日常生活中随处可见，例如公交站牌、公交车身、地铁站广告以及高速公路旁等都能够看到户外广告的踪迹。户外广告可以在固定的地点长时间地展示企业的形象及品牌，因而对提高酒店的知名度很有效。

户外广告牌优点众多，主要有5点，如表2-2所示。

表2-2 户外广告牌的优点

优点	内容
到达率高	户外广告的到达率较高，据调查户外广告的到达率仅次于电视媒体，位居第二。所以，只要商家选择合适的地理位置，准确投放户外广告就能够对各个层面的人群宣传酒店信息
视觉冲击性强	户外广告牌通常具备强烈的视觉性，即便匆匆一眼也能够给人留下深刻的印象，能够在较短的时间内达到宣传的效果
表现形式丰富	科学技术的不断进步，使户外广告也得到了很大的发展，表现形式也更加丰富多彩，例如射灯广告牌、霓虹灯广告牌、灯箱广告牌、单立柱广告牌以及投影广告牌等。这些表现形式大大加强了户外广告的视觉冲击，给人留下深刻印象

续上表

优点	内容
传播信息持久	户外广告牌因为受到客观原因的限制，即需要在最短的时间内精准地表达出需要传达的信息，所以户外广告信息一般言简意赅、主题突出、便于记忆，可以使传播信息持久保存
发布时段长	户外广告牌通常是全天候的持久性发布，它们长时间的伫立，更容易被受众看到

我们可以发现虽然户外广告牌的尺寸不小，但在以一定距离观看时，它们实际显得很小。为了保证广告牌的广告效果，在设计时我们需要将其视为小版面的展示板来设计。在内容上要求文字简短，字体简单，并保持整体的简洁。所以需要做到以下两点。

①内容精练，将艺术高度浓缩进去，使得在有限的空间准确地表达广告内容。

②创意是户外展板的精华，也是吸引行人的关键，所以良好的广告创意必不可少，必要时还可以适度的夸张，给人造成强烈的视觉冲击。

下面来看一个具体的酒店户外广告牌设计案例。

某酒店在户外推出了一块广告牌，吸引了众多行人的眼光，纷纷驻足观看。广告牌由 4 张图组成，配以 4 个对话，如图 2-2、2-3、2-4以及 2-5 所示。

图 2-2

图 2-3

图 2-4

图 2-5

4张图片、4个对话以及带有浓厚东北口音的文字，都使这个广告文案自带语音效果。其中对话中带有东北特色的语言"搁哪嘎哒捏""杠杠滴"以及"吵儿巴火"，既有趣，也表现出亲近。同时，该广告牌出现的地方在沈阳。这样极具东北特色的广告牌更符合当地的风土人情，也更容易使人接受。

在文案设计上，4张图表现出了酒店的卖点，即舒适、便捷、高档以及安静的特色。"搁那儿瞅啥呢？赶紧订房啊"看起来比较直接、强硬的话语，却借一只小猫的口说出，表现出反差萌，也不会引起消费者的反感。另外，一个熟睡的婴儿，却配以"关起门，吵儿巴火的世界，安静了"的文字，表现出了童趣。

排版设计上，大篇幅的留白，人物加对话的形式，使广告牌画面简单、整洁，也更能突出对话内容。

这样的广告牌设计不仅能快速吸引行人的眼球，准确表达出酒店特色，还能给人留下深刻印象。

2.2.3 利用杂志为酒店营销

我国旅游产业迅猛发展，也为酒店行业带来了巨大发展空间。酒店中的许多客户都为旅游客户，所以利用旅游杂志作为图书媒介为酒店做广告营销推广可以起到精准营销的作用。

旅游杂志是游客获取旅游信息的重要信息渠道，通过旅游杂志游客可以快速找到特色的景点、小吃以及酒店。如果酒店能够与旅游杂志合作，在知名的旅游杂志中刊登自己酒店的信息，便能起到酒店营销推广的作用。

利用杂志做营销具有以下优点。

受众精准。 杂志通常都是付费的，能够购买杂志的消费者一般是具有针对性的、对旅游感兴趣的或经常旅游出行的人。对这样的客户群体宣传酒店信息更直接有效。

更具权威性。 杂志都是长期性印刷出版的，所以杂志本身已经积累了较多的客户量，并具有良好的形象、声望和权威性。在这样的杂志中宣传酒店信息，能够有效提升酒店及酒店产品的可信度。

持久性。 电视和广播信息变化较快，留存时间都短，但杂志的保存时间段较长。杂志可以长期留存在家中，有需要时即可翻阅查看，这也就意味着更持久的营销宣传。

例如《悦游 Traveler》杂志，其口号为"世界悦游越小，心界悦游越大"，杂志内容涵盖旅游目的地、美食、美酒、旅行礼仪以及酒店信息等。悦游杂志中除了酒店推荐预订之外，还做了酒店榜单，分为全球酒店金榜、读者之选和全球最佳新酒店 3 个榜单。榜单中的酒店不仅配有美丽的酒店图片，还有文字介绍可以吸引读者，起到宣传推广的作用。

视频类酒店广告营销

视频广告营销无疑是最为直接有效的营销方式，它利用视觉和听觉结合的方式，以动态的形式向客户直接全面地展示酒店相关信息，使客户在短时间内快速了解酒店特色信息。

2.3.1 酒店视频广告制作

制作视频广告应当以产品为主要展示，再辅以广告设计，从而实现广告宣传的目的。

制作动态视频广告就是对多个平面画面进行动态延伸，视频广告的表现形式，如图 2-6 所示。

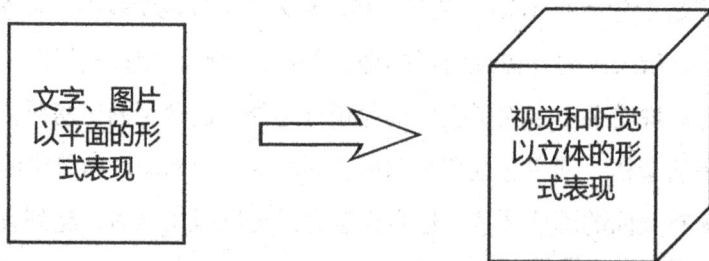

图 2-6

可以看出，视频广告实际上就是对平面广告的平面表现形式做了一个转化，使其表现形式更加生动、形象。相比平面广告而言，视频广告具有以下优势，如表 2-3 所示。

表 2-3 视频广告的优势

优势	内容
灵活性强	传统的平面广告一般是印刷出版的，发布后如果出现错误很难更改，但是视频广告在平台上播放可以按照需要及时更新广告内容，具有很强的灵活性
传播范围广	视频广告的传播范围广泛，它不受时间和空间的影响，只要有网络，它甚至可以在全世界范围播放宣传
低成本性	随着新兴媒体的发展，视频广告也不局限于电视，可以在网络上大量投放，另外网络视频营销投入的成本与传统的广告相比较低，但宣传的效果却没有因此而降低
冲击性强	视频广告的载体是动画或视频，它通过图、文、声以及像的形式，传送多感官信息，比传统的平面广告更能体现出差异化，能够给人以强烈的感官冲击

但是很多人对酒店视频的制作存在误区，认为只要将酒店的客房、餐饮以及服务等信息展示出来就可以了。其实不然，人们在观看视频时面对的是成千上万的信息，酒店需要在众多的信息中脱颖而出，给人留下深刻的印象，就需要在制作上费心思，下功夫。

◆ 尽量压缩时长

用户的耐心都是有限的，据统计视频广告加载时间超过 5 秒，就会有74%的用户选择关闭页面。这就说明，我们在制作酒店视频广告时，需要在不影响内容的前提下，尽量压缩时长。

◆ 规划好视频的形式和主题

在制作视频之前，首先需要确定视频的表现形式和主题，可以为酒店或酒店产品规划一个故事或主题，建立一个视频理念。通常既宽泛又典型，并且不要过于侧重产品本身，俗称"情怀"，要能够引起消费者的共鸣。

◆ 确定负责人制作视频

酒店广告视频的制作可以利用酒店现有的资源找酒店内部的员工制作视频，也可以委托专业的视频制作团队。如果是普通的记录类型的视频，可以通过酒店内部工作人员记录制作；如果是专业的、精修的视频，还是需要专业的制作团队。

通常视频的制作根据酒店功能的不同，其展示点也会有所不同，例如酒店的文化、经营理念以及特色服务等，但是通常视频都会从3个方面来进行制作：环境设施、文化经营理念以及特色服务。

◆ 确认好视频播放平台

不同的视频平台的定位不同，受众也不同。只有当酒店品牌和平台粉丝属性一致时，才能获得更多的认同，因此视频制作完成之后，还需要明确酒店的营销视频将发往哪些平台。

2.3.2 地铁视频广告投放

地铁作为人们出行的重要交通工具，是广告营销活动的关键传播阵地，也是商家的必争之地。地铁视频广告投放主要具备以下优势。

线路优势。地铁一般建在人口密集区，覆盖范围包括核心商业圈、火车站及客运站交通枢纽、各大高校以及办公大楼等，集商业办公、学习生活以及旅游休闲于一体，覆盖全面，人流量大，人群类型多样，适合推广营销。

封闭性强。地铁站内封闭性比较强，乘客在乘车等待的过程中没有太多的事项选择，看视频打发时间的可能性较大，给了商家一个良好的宣传机会。

针对性强。 地铁一般都是比较年轻的群体，所以能够更有针对性地投放以年轻群体为目标对象的产品广告。

溢价升值作用。 因为地铁作为大城市的核心交通工具，对乘客产生了极重要的心理作用，乘客对地铁有信赖感，而投放在地铁的广告自然也会受到这种心理作用的影响。另外，地铁广告除了本身所具备的宣传功能之外，还能对品牌的本身起到溢价升值作用。

下面来看一个具体的地铁酒店广告视频投放案例。

洪湖悦兮半岛酒店制作的地铁广告一共15秒，内容简短精练。视频由3幅动态的拼图组成，第一幅图片展示的是酒店的外观和酒店的地理位置，并配以文字介绍"悦兮半岛——东方的普罗旺斯"，精练的文字让人顿时对酒店的环境有了大致的印象，如图2-7所示。

图 2-7

第二幅图展示的是酒店的特色，即酒店温泉，洪湖悦兮酒店的温泉水来自地下2 000米深处的数万年以上的地下热水，水温达到76℃，是全国罕见的优质偏硅酸医疗保健热矿水。图片展示的是酒店温泉的水质和环境，并配以"76℃万年稀世珍贵偏硅酸温泉"的文字，说明了温泉的珍贵，如图2-8所示。

76℃万年稀世珍贵偏硅酸温泉

图 2-8

第三幅图展示的是酒店内的环境和设施，主要体现酒店的舒适和休闲，并配以"现代都市人休闲养生度假天堂，我在悦兮半岛等你！"的文字，如图 2-9 所示。

现代都市人休闲养生度假天堂，
我在悦兮半岛等你！

图 2-9

另外，视频添加欢快、轻柔的背景音乐，并配以清晰、低沉带有磁性的男性画外音说明，使人快速了解酒店的相关内容。

总的来说该视频制作非常简单、直观，内容突出、简短，非常适合行色匆匆的乘客在地铁里快速浏览。

2.3.3　电视广告宣传

电视是每一个家庭必备的家用电器之一，在休闲娱乐时、聚会无聊时以及晚饭后，看电视打发时间是大多数家庭的主要活动之一。因此，可以说电视广告是广大观众最常接触的一种宣传形式。

电视媒体集视、听效果为一体，表现出独具特色的优势。

电视广告的现场感较强。电视广告的表现形式丰富，结合形状、色彩、文字、语言、音效以及动作来表现，更容易使人产生身临其境的感受，从而大大拉近酒店与受众之间的距离。

电视广告贴近生活。电视与我们的生活紧密相连，广告在电视上播放出来，家庭成员一起观看，互相评说，自然会相互影响和感染，从而增加广告营销的效果。

电视广告传播范围广泛。电视广告能够突破时间和空间的障碍，在电波覆盖范围内的任何区域内传播，直接进入亿万家庭，渗透力强，抵达率高。

尽管以电视作为媒介发布广告可以起到营销推广的作用，但是电视广告也存在一些不容忽视的劣势。

①费用昂贵。电视广告的费用较高，一是广告本身制作的费用较高，二是广告播放的费用较高。如果在黄金时间段内播放价格将更高。

②电视广告不能够保存、传阅和反复观看，所以除非广告本身具备强烈的记忆点，否则不能够使用户产生较强的记忆。

综上所述，电视不失为一种较好的营销宣传方式，但是经营者在选择时需要更多地去衡量和考虑宣传成本和宣传效果的性价比。

2.3.4 新兴媒体的酒店广告宣传

除了地铁、电视之外，还可以在一些新兴媒体中投放广告做视频营销。新媒体传播是一种高度复杂的传播形式，是一个全新的、融合的平台，自我传播、人际传播、组织传播、大众传播等都能够在这个平台上找到自己的空间。这些新兴媒体聚集了大量的年轻人，针对性强，并且接受度高。下面以快手视频为例进行介绍。

"快手，记录世界，记录你"是快手视频的核心宣传点，通过不断的优化运营，快手如今已成为当下主流的短视频应用之一。

通过快手，用户可以用照片和短视频记录自己日常生活中的平凡小事，也可以通过直播的形式与粉丝进行实时互动。另外，快手的内容覆盖生活的方方面面，用户遍布全国。人们通过快手可以找到自己喜欢的内容，找到自己感兴趣的人，看到更真实有趣的世界，也可以让世界发现真实有趣的自己。

快手视频的快速发展吸引了众多商家，纷纷将其视为产品的营销阵地。利用快手视频做营销的优势有以下几点。

◆ 贴近生活

快手视频其定位是记录和分享生活，宣传"每一个人都是值得被记录的"，贴近生活，主打平民的平台。因此，快手中的推广宣传能够快速吸引普通大众的眼球。

◆ 广告受众明确

快手视频支持地域定向、性别定向、手机系统定向以及网络类型定向。同时，快手用户年轻群体居多，快手大约有87%的90后用户。明确快手的用户情况，才能确定自己的广告受众，从而针对性的推出自己的营销视频。

◆　方法简单操作快

快手主要以记录为主，手机随手一拍即可，没有过多的视频剪辑和制作要求，操作简单，每个人都可以做。但是广告也需要做到题意创新，必须有自己的独特风格，这样才能够引起用户的注意。

◆　明确的广告定向及效果监控

快手视频支持定位目标用户属性的功能，借助该向功能可以提高广告的投放效率，并且根据广告组历史表现，系统可以将广告定向发送给对产品可能感兴趣的人，从而自动优化提升封面单击率及行为单击率，来筛选出对产品感兴趣的用户。从而获得快手广告效果最大化。

除了快手视频之外，还有抖音、火山小视频以及爱奇艺等。酒店视频推广时，不要局限于某一渠道，可以多多利用新兴的媒体视频软件。这类视频软件推广费用低，宣传效果明显，用户量大，受众多。

文化营销：酒店文化价值推广

第3章
03

酒店文化营销指将酒店的文化介绍给客人，让酒店文化成为社会文化的一个有机组成部分，并引起客人的认同。同时充满文化内涵的营销，往往更具人情味，更能体现酒店的核心价值。

3.1
理解酒店文化营销的内容

　　酒店行业的井喷式发展使得酒店及其产品不管是在服务上，还是在功能上，都表现出极大的相似性，难以表现出自身的优越性。所以，此时酒店向客人推销不能停留于产品表面，应该在满足客人物质需求的同时，还要满足客人精神上的需求，给客人以文化上的享受，这就要求酒店改变营销方式，进行文化营销。

3.1.1　什么是文化营销

　　文化营销是指有利于识别某个销售者或某个销售群体的产品或劳务并使之与竞争对手的产品或劳务区别开来的名称、名词、标识符号和设计，或是它们的组合，以及它们所代表的利益、认知情感、属性、文化传统或个性形象、价值观念的总和。

　　例如 "Just do it"，是 Nike 的一句广告语，可以理解为想做就做、坚持不懈等，突出年轻人的自我意识，并作为一种励志的精神载体赋予到产品上，区别于其他品牌。

　　企业的文化由 4 个要素构成，各要素之间又相互联系，相互作用。企业文化主要由精神文化、制度文化、行为文化和物质文化 4 个要素组成，其结构组成如图 3-1 所示。

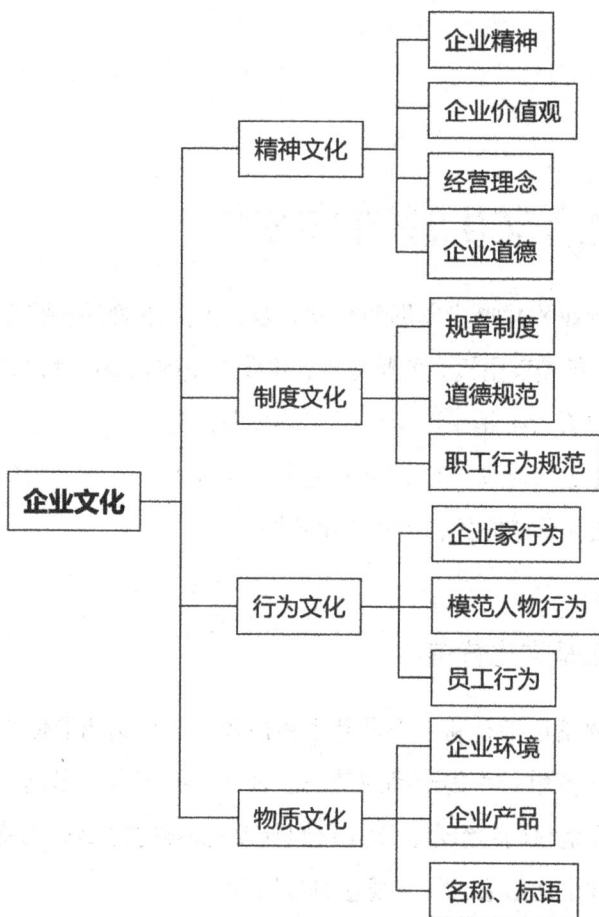

图 3-1

精神文化。精神文化在整个企业文化系统占据最为重要的位置，它是制度文化、行为文化以及物质文化的基础。精神文化主要表现在企业价值观、企业使命、企业愿景、企业经营理念以及宗旨上。

制度文化。制度文化主要指企业生产管理过程中的各项制度规范，是企业文化的具体化表现。企业文化必须通过具有实操性的正式制度与规范才能被员工贯彻执行。

行为文化。行为文化指企业中的员工行为，其中包括企业家、员工以及模范员工的行为所体现出来的文化。

物质文化。物质文化指企业产品和服务所体现出来的文化，包括企业的环境、企业的广告和产品的包装等。

在实际的企业文化建设中，企业文化的 4 要素通常具体为企业价值观念、行为方式、企业愿景、企业任务、企业历史以及企业环境 6 种内容。但是不是所有的企业在这些方面都具备优势，所以在构建文化的时候，只要充分发挥其中某一方面的优势，表现出其特点即可。

3.1.2　文化营销的关键

酒店文化营销的关键在于对酒店的宗旨、目标、愿景、员工行为、经营制度、酒店环境、酒店品牌特点等文化的宣传和推广，其核心是以人为本，让人认同酒店的文化经营理念，从而调动人的积极性与创造性。在文化营销观念下，酒店的营销活动一般会奉行一些原则，即给予产品、企业、品牌以丰富的、个性化的文化内涵。

利用文化创意将产品或服务的特点加以提炼，创造某一具有核心价值理念的概念，通过这一理念向目标客户传播产品或服务所包含的功能取向、价值理念、文化内涵、时尚观念、科技知识等，引起客户共鸣，从而刺激消费，这就是文化营销的过程。但是在创造企业文化，进行营销的过程中需要注意 3 个关键点。

◆　具备价值，引导消费

文化营销的一大明显特征就是通过推出某一概念，展现出产品的核心价值，从而将潜在客户的需求引导出来，刺激消费。可以发现，其中最为重要的便是文化的核心价值，需要得到广大消费者的认同。例如特步品牌，"不走寻常路"的核心价值，鼓励人们追求自我，追求个性，得到了众多年轻人的支持和认同，尽管其广告不断更新，但其沟通诉求的核心基点始终没有变化，从而塑造了良好的企业形象。

◆ 准确定位，针对性强

每个企业都有自己的目标客户群体，酒店当然也不例外，例如家庭旅馆，其客户群体通常为家庭，那么其企业文化就要以家庭来考虑，包括老人、小孩以及亲人等；青年旅社，其客户群体大部分为喜欢旅游的旅行爱好者，那么企业文化就要以旅行、刺激以及新鲜事物等来考虑；蜜月主题酒店，其客户通常为新婚夫妻、情侣，那么企业文化就要以浪漫、温馨以及甜蜜来考虑。

只要当企业精准提炼出针对目标市场的文化价值之后，突破产品的同质化，才能够引起客人的认同感。

◆ 差异营销，打造个性消费

追根究底，文化营销实际上就是差异营销，在同类相似的产品中选择与自己理念价值观相似的产品。在一定程度上，文化营销实际上是为了满足众多客户的个性需求而产生的，所以文化营销需要放大差异，打造个性消费。

3.1.3 酒店特色文化营销策略

市面上做文化营销的酒店有很多，如何在众多的酒店文化中做出自己的特色呢？首先，文化是一个比较抽象的东西，单纯的推广文化，难以得到共鸣，因此，酒店文化营销需要结合具体的产品，虚实结合的宣传才能够促进酒店的发展。

　　酒店的文化营销需要以客户为中心，以产品为载体，以文化为纽带，将文化融入营销的全过程中，使酒店售出的产品和服务带有酒店的文化，从而引起客户的共鸣和认同。

　　特色化的酒店文化营销通常具备以下几个特点，如表 3-1 所示。

表 3-1　特色化酒店文化营销的特点

特点	内容
区域性	不同区域的人其民族、宗教信仰、习俗以及风土人情存在差异，这些差异可以成为文化营销的宣传点，形成特色
领先性	文化营销是一种价值性活动，体现了酒店的观念、思想以及时代精神，因此，酒店的文化需要具备领先性才能够适应时代的变化，把握社会需求和市场机会
导向性	酒店的文化应该具备正确的价值观，才能对客人的观念和行为进行引导，从而改变自己的态度行为、生活方式或生活习惯

　　酒店在实施文化营销过程中表现出下面 3 个层次。

　　产品文化营销。产品是文化价值的实体，产品文化营销包括产品的设计、生产以及使用等各方面。这是文化营销的初级阶段。

　　品牌文化营销。品牌文化是酒店产品文化营销的进一步发展。酒店及其产品逐渐形成自己的品牌，并具有深刻而丰富的文化内涵。建立鲜明的品牌定位，并充分利用各种强有效的内外部传播途径形成消费者对品牌在精神上的高度认同，创造品牌信仰，最终形成品牌忠诚。拥有品牌忠诚就可以赢得顾客忠诚，赢得稳定的市场。

　　酒店文化营销。酒店文化营销的最终核心在于将客人所接受的价值观念作为立业之本，从而促进顾客对整个酒店及其产品的认同。

3.2

酒店文化营销策略中的主要类型

不同的酒店因为其产品、地理环境以及酒店服务等不同，所以酒店的特色也不同。因此酒店建立自己的酒店文化时的侧重点也不同，有的倾向于产品，有的倾向于服务，有的倾向于环境。

3.2.1 酒店产品文化营销策略

酒店产品是酒店文化营销的重点，包括酒店客房的装修设计、酒店的餐饮以及酒店的特色化服务等各个方面。例如酒店的餐饮，从菜品的命名、选料以及制作，到器皿的选择、装盘的搭配等都要充分考虑酒店文化的渗入。这样一来，客人除了享受美食带来的幸福感之外，还能满足精神需求，这便是利用文化营销给产品增加附加价值。

丽思卡尔顿——黄金标准

丽思卡尔顿被众多的政要和名流视为出行下榻的首选，除了其具备同类酒店的高档产品之外，还在于为人乐道的员工特质，即黄金服务标准。

黄金服务标准是由丽思卡尔顿初期创始人设定，作为酒店文化流传给酒店员工，成为丽思卡尔顿不断发展的基础。黄金服务标准是一张小小的三折卡片，被丽思人称为"信条卡"。不论是总经理、高管，还是普通员工，每个人都会随身携带这样一张信条卡，上面明确写有"黄金标准"的全部内容，包括信条、座右铭、优质服务三步骤、员工承诺以及服务理念，如图 3-2 所示。

图 3-2

丽思要求员工除了随身携带之外，还要不断消化和理解上面的内容，只有发自内心地认同并坚信这些，才能自然而然地将这些标准融入日常工作中。

酒店理念"我们以绅士淑女的态度为绅士淑女们忠诚服务"，正是这种乐在服务、以客为尊的服务态度使其在众多的品牌酒店中脱颖而出。

可以看到，丽思卡尔顿酒店的产品文化在于酒店的服务，它让每一个顾客都享受到了最优质、贴心以及完善的服务。同时还将酒店的服务产品做到极致，形成酒店文化，并成为酒店的核心竞争力，使其在众多同类酒店中屹立不倒。

3.2.2 酒店品牌文化营销策略

酒店的品牌名称是酒店文化营销的关键切入点，一旦公众认可酒店的品牌，那么通过文化营销，酒店便可以快速取得大众的信赖，提升酒店的知名度。

因此，酒店品牌文化营销的关键在于积极打造被人认可的酒店品牌，赢得大众的好感。例如参加公益事业，开发绿色产品以及积极保护生态环境等。

让欧洲难民就业的 Magdas 酒店

Magdas 酒店，是维也纳明爱社会商业集团（Caritas Vienna's Social Business Group）旗下的一家慈善酒店。维也纳明爱社会商业集团旨在通过市场途径，解决各种可能出现的社会问题。

在奥地利，有着难民背景的移民很难再找到工作，使自己过上安稳的生活。首先难民大部分来自于其他国家，对当地语言不精通，交流上存在难题。其次，许多的雇主对难民存在着偏见，并不愿意雇佣他们。再者，获得难民庇护身份需要很长时间，这是合法雇佣难民的前提。

但是 Magdas 酒店却敞开怀抱接纳来自世界各地的难民，酒店有 20 个前难民的员工，10 个奥地利酒店技术管理人员，他们分别来自 16 个国家，会超过 20 种语言。

不同国家的人相聚交流，碰撞出了有趣的火花，形成独特的特色，但是客人却纷纷表示他们很喜欢 Magdas 酒店轻松和愉快的氛围。

Magdas 酒店为难民解决就业问题，树立了典范，得到奥地利和欧盟社会各界的认同和喜爱，与其他竞争者相比，其广大的胸怀和包容性是其强有力的竞争力。

3.2.3 酒店环境文化营销策略

酒店的环境文化营销是借助文化的力量使酒店的环境充分表现出其特点，并激起客人的共鸣。这就要求酒店的建筑环境不仅要具备特点，还应具备浓郁的文化色彩，能够吸引客人纷纷前往感受，进而成为酒店的忠实客户。

酒店环境包括酒店建筑的设计风格、酒店庭院的布置以及客房的格调等，都要与酒店文化内涵协调一致。

隐身于京都千年古城——虹夕诺雅·京都

虹夕诺雅·京都位于岚山区域，为京都府内景观保护规定特别严谨的区域。从京都岚山渡月桥乘舟，一边欣赏岚峡雄伟且优雅的景观，一边沿大堰川逆流而上，15 分钟水程，虹夕诺雅·京都便出现在眼前。

这座旅馆拥有百年历史，旅馆内的每一个角落都充满了京都的传统建筑风格和其辉煌历史。木刻雕饰的客房和精致的园景，让人仿若置身于古代皇族的优雅私邸里。

建筑师对古老的贵族府邸进行了改造，在保留传统建筑的优点的基础上融入了新的理念，使传统与新潮融合，让人重新感受古老建筑的魅力。

虹夕诺雅·京都的客房，如图 3-3 所示。

图 3-3

虹夕诺雅·京都的客房是传统的日式房间，木质结构的建筑，配合低视角，使客人更亲近自然。房间内采用了榻榻米沙发，保留了传统日式房间的结构，也增加了舒适度。另外，整个房间呈现暖色调，让客人即便身处异乡，也能从中感受到温暖。

虹夕诺雅·京都的庭院，如图3-4所示。

图 3-4

虹夕诺雅·京都的庭院由池塘和小型瀑布构成，利用看似狭窄的格局营造出了高低错落的亲水区域，表现出空谷幽兰般的禅意。

依水而建的虹夕诺雅·京都保留了传统建筑的风格，闹中取静，表现出禅意，也表现出了酒店的环境文化。

3.3

酒店文化的推广

酒店文化创建之后还需要对其进行宣传推广，以便被更多的人熟知认同，才能够起到营销的效果。酒店文化推广的方法有很多，包括内部推广和外部推广，下面来具体看看。

3.3.1 酒店文化传播从员工做起

酒店文化营销之前首先需要对酒店的员工做好文化推广，只有员工自身对酒店文化有了较好的认知与了解，员工在服务的过程中才能更好地向客人展示出酒店的文化内涵。具体而言，员工学习酒店文化有以下 3 点优势。

凝聚作用。文化具有凝聚的力量，它是一种强黏合剂，可以将酒店员工的思想、个人发展规划以及价值观与酒店紧密联系起来，增强酒店与员工之间的凝聚力。

激励作用。优秀的酒店文化往往能够得到员工的认同，并能对员工产生激励作用，激励员工为实现自我价值与酒店的发展而不断进步。

导向作用。优秀的酒店文化还会对员工的行为和思想起到导向作用，引导员工做出正确的行为。

酒店内部进行文化宣传的途径有很多，具体如表 3-2 所示。

表 3-2　酒店内部的文化宣传途径

途径	内容
会议推广	会议是最直接有效的推广方法，它能直接且准确地向员工传播酒店的核心价值和文化内容，也能快速得到员工的反馈
日常管理	酒店的日常管理也是酒店文化宣传的好方法，我们知道酒店文化通常体现在酒店的规章制度中，对员工进行制度管理的过程也是酒店文化宣传的过程
教育培训	教育培训是一项有目的、有组织的教育活动，能够直接或间接的影响受教育者的行为和思想，酒店通过酒店文化培训，可以将酒店的文化准确无误地传递给酒店员工
宣传栏	在酒店的重要公共区域设立宣传栏，宣传栏中介绍酒店的文化内容，使每一个路过的员工和客人都能感受到酒店的文化价值

3.3.2 赋予酒店历史文化背景，丰富酒店内涵

随着生活水平的大幅提高，人们的旅游出行也发生着巨大变化，相比之前走马观花似的观光式游览，如今人们更愿意静下心来用心感受当地的风土人情。酒店作为旅行的重要组成部分，其功能性早已不再局限于食宿，而是期望客人在短暂的休息中也能够充分感受文化，享受新奇的体验。

历史作为一个国家的文化结晶，凝聚了民俗礼仪、风土人情以及历史传统等文化要素，为人所喜爱。因此，酒店可以借助当地的地域文化特色、历史典故以及古建筑群为历史文脉主题，以建筑风格为载体，使用独特的建筑语言来强化历史文化，为酒店添加历史文化背景，以丰富酒店内涵。

缘·文化精奢酒店

缘·文化精奢酒店是一家中高端文化类主题酒店，酒店愿景为"弘扬中华优质传统文化，筑中华与世界文化交流桥梁"。酒店以周、晋、唐、宋、明、清等历朝历代文化为背景，在设计上融入了中国历史不同阶段的文化元素，打造了春秋战国、魏晋风骨、大唐盛世、大明王朝、两宋风云、清都紫薇六大文化系列的客房。

清都紫薇主题客房和大明王朝主题客房，如图 3-5 和 3-6 所示。

图 3-5

图 3-6

清都紫薇主题以明清文化为中心，配以空中花园，客人置身其中，不仅能品味国粹京剧，鉴赏青花彩瓷，还能够观赏水墨写意书画。

大明王朝以明朝文化作为背景，配以高雅的明式家具，景泰青花工艺品，让人仿若置身大明。

除此之外，还有春秋战国主题客房，为客人呈现百家争鸣、先秦诸子、启蒙后世以及神秘青铜、金文文化；魏晋风骨主题客房，结合兰亭集序、洛神赋图、敕勒歌以及木兰辞为客人展示魏晋的深沉；两宋风云主题客房，以绝美的宋词和宋代五大名窑青白瓷向客人展示大宋的繁华。

另外，酒店内部设有阅·缘书吧、茶艺室以及多功能会议厅、餐厅以及娱乐健身房，且琴、棋、书、画、诗、酒、花、茶等极具代表性的中华文化元素随处可见。

正是这样对历史文化精益求精地追求，让每个到店的客人仿若时光倒流，充分感受历史文化的浓郁氛围，也使缘·文化精奢酒店收获客人们的一致好评。

可以看出，优秀的历史文化背景酒店绝不只是单纯地将历史上的建筑风格设计、家具搬进酒店，而是更多地从文化审美的角度，结合历史文化特点内容为客人营造出安静闲适的生活状态。如缘·文化精奢酒店，除了装修风格和建筑之外，酒店更多地从哲学、艺术以及社会等多个角度为客人打造出浓厚的历史文化主题式体验。

3.3.3 情感文化营销，让客人产生归属感

随着消费观念的更新，传统的消费经济属性已经渐渐淡薄，消费者在消费过程中越来越注重心理需求，即他们越来越重视消费中获得的情感价值以及商品给自己带来的额外价值。

以酒店来说，客人在选择酒店时，除了酒店产品本身之外，更在乎自身的情感归属，也就是回头客。当客人认同了该酒店的文化，在情感上表示认同，便会自然而然地选择该酒店。一个酒店如果能够恰当地把握这一情感趋势，推出令客人认同的情感化产品，便能赢得客人的信赖，赢得市场。

以如家酒店为例，如家酒店是国内比较成功的一家快捷型酒店。如家的情感文化营销首先体现其品牌名"如家"，即让客人感受到家的温馨。其次，如家酒店的经营理念为"把我们快乐的微笑、亲切的问候、热情的服务、真心的关爱给每一位宾客和同事"，为了深入贯彻该理念，如家对细节服务表现出关注，让每一个到店的顾客感受到被关怀和被重视。例如酒店卫生间里的牙刷和毛巾等洁具是两种不同的颜色，以便让同时入住的顾客能够轻易区分。

实际上，情感文化的营销通常表现在一些小细节上，让顾客感受到热心、体贴和到位的服务，但又不过分殷勤，从而使顾客从心里认同酒店文化，让顾客充分感受酒店的人情味。这样的酒店未必是最高档的，也未必是最舒服的，但是他们往往却是最用心对待客人的，客人自然会被感动。下面列举一些酒店的情感营销细节。

①一个人外出住酒店可能会感到孤独，有的人会选择和家人朋友聊天，有的人会看电视打发时间，但在比利时沙勒罗瓦机场酒店，你可以选择租一条金鱼。沙勒罗瓦机场酒店提供出租一条金鱼一晚的服务，以免客人感到孤单。

②乌克兰的一家酒店每天准时更新电梯里的地毯，利用上面的文字提醒住客今天是星期几，如图 3-7 所示。

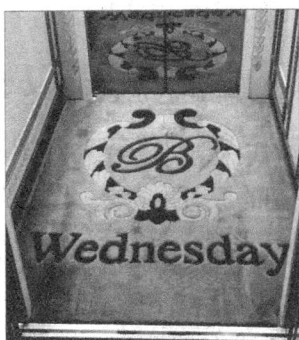

图 3-7

③很多酒店会在客人入住后留心客人的生日日期，通常在生日前后一周时间内都会贴心赠送美味的蛋糕，为客人庆祝生日。

④美国 EPIC Hotel 还会为客人提供系领带服务，因为酒店内经常举办婚宴和庆典，经营者发现许多参与宴会的客人并不会系领带，所以酒店对每个员工进行培训，练习领带的系法。

⑤中国的澳门四季酒店，如果客人携带宝宝入住，只要入住前说明宝宝的月龄，酒店会把婴儿洗漱用品、温奶器、奶瓶消毒机、BB 床、哺乳枕、尿不湿等物品在房间里准备好。同时这家酒店还有水深 30 厘米的泳池适合小宝宝戏水。与这些硬件匹配的还有服务人员的细心、童心和恰到好处的关注。

简单来说，情感亲情服务文化就是让服务贴近客户情感的文化，要求员工走出刻板的服务方式，主动转变自己的角色，让原本被动、单一的服务变为主动的、贴心的以及周到的服务，把客人当成自己的家人、亲人以及朋友，用心照顾客人，体会客人的感受，让客人即便在酒店也能感受到家的温暖。

3.3.4 出版酒店刊物，加深客户认知

我们常常可以在书店、酒店客房以及前台等地方看到一些有关酒店文化的书籍刊物。这是一种新型的文化营销方式，刊物内通常介绍了酒店的文化理念，酒店的服务内容以及酒店的特色服务等，伴随着精美的图片、生动的文字，不仅可以让客人深刻感受酒店文化，还能够进一步加深客人对酒店文化的理解。

四季酒店云端筑梦

《四季酒店云端筑梦》是 2011 年 1 月由南海出版社出版的一本图书，作者是四季酒店集团创始人、董事长与 CEO——伊萨多·夏普。在这本书中介绍了作为一个移民的儿子，泥瓦匠之子，白手起家，最终创建全球顶级豪华酒店——四季酒店的故事，如图 3-8 所示。

图 3-8

在这本书里，伊萨多·夏普讲述了自己40多年酒店经营的传奇人生，借助酒店管理和运营的真实案例向大众介绍了自己的酒店文化和经营理念。

虽然酒店文化的书籍印刷推广对很多酒店而言存在一定的难度，但是除了印刷书籍之外，酒店还可以出版一些其他刊物向客人推广，同样能够起到宣传酒店文化的作用。

◆　精美的酒店宣传册

酒店可以印刷出版一些精美的酒店宣传册，这些册子通常图文并茂、小巧玲珑，并且内容短小精练，将其放置在酒店的电梯旁、餐厅门口或前厅服务台等地，以便客人随时翻阅。

◆　客房内放置酒店内刊

酒店可以印刷出版一些酒店内刊放置在酒店的客房中，客人无聊时可以翻看打发时间。内刊除了展示酒店的文化理念之外，还要向客人侧重展示酒店的服务，这是客人关注的重点。例如在内刊中展示酒店的餐饮菜单、设施以及客房服务等，除了能让客人第一时间感受到便捷外，更能让客人感受到贴心。

◆　实用的纪念品

怎样可以让客人对酒店保持深刻的印象呢？答案是实用性强的纪念品。纪念品通常带有酒店的特色，能够表现出酒店的文化理念。赠送纪念品这个行为可以增添客人对酒店的好感，同时客人反复使用纪念品时也能够保持对酒店的印象。纪念品可以是餐巾纸、洗漱用品以及冰箱贴等。

酒店的装修风格和客房布置通常只能由客人自己感受，但是酒店推出带有酒店文化的产品是一个直接向客人介绍推广酒店文化的机会。

价格营销：酒店的盈利之本

第4章

04

价格营销是酒店营销中的重要组成部分，也是直接表现酒店盈利能力的营销手段。但是价格营销不是一味地降低价格，而是根据市场需求情况来合理制定价格，从而刺激客人消费。

酒店价格的概述

酒店价格是客人购买酒店产品所支付的货币量，也是酒店产品货币价值的体现。酒店产品价格的定价不仅要考虑供求双方的关系，还要考虑成本因素、酒店地理位置以及目标市场等因素，才能够制订出符合酒店业务目标和财务目标的满意价格。

4.1.1　影响酒店定价的因素

酒店价格的制订是决定酒店获利与否的关键，因此在制订酒店价格时要慎重，要充分考虑影响酒店产品价格的各个因素。

◆　酒店产品的成本

酒店产品成本指酒店产品在生产和流通过程中总花费的物质成本和人力资源成本，它是构成酒店产品价值和价格的主要组成部分。所以，任何酒店在制订价格时都要使总成本得到补偿，并获得利润，即定价大于产品成本，从而保证利润。

◆　酒店产品的供求关系

酒店产品的供求关系是影响酒店价格制订的关键，当酒店产品的供求关系发生变化时，价格也会相应发生变化。例如在旅游旺季时，酒店的需求量增加，供给小于需要，价格呈现上涨；在旅游淡季时，酒店的需求量降低，供给大于需要，价格呈现下降。

◆ 酒店行业中存在的竞争关系

酒店行业中的竞争情况对酒店产品定价起着重要影响，当竞争状况越激烈时，对酒店产品定价产生的影响也就越大。具体指当酒店处于完全竞争的市场中，酒店缺乏定价的主动权，只能被动地接受市场竞争中形成的既定价格。相对地，酒店没有强有力的竞争对手时，可以掌控定价的主动性。

◆ 酒店具体的经营目标

酒店具体的经营目标是影响酒店产品定价的关键，酒店根据自身的经营目标，出于长期或短期发展考虑，以此确定酒店的营销目标和酒店产品的价格。例如酒店的目标在于为了尽快收回投资，通常会将短期利润作为营销的首要目标，所制订的价格也会远远高于成本。

除了上述提到的影响因素之外，酒店在制订价格时通常还会考虑酒店的附加项目，例如酒店的餐饮、健身器材、娱乐设施以及特色服务等，以此来综合考量。

4.1.2 酒店产品定价遵循的原则

很多酒店经营者所制订的价格看起来很合理，但实际上顾客并不满意，有时甚至出现酒店将价格定到最低价，顾客还是觉得贵。这是因为酒店在制订价格时没有考虑顾客的感受。对顾客而言，他们不会去考虑成本，更不会考虑所为投入的人力、物力等，顾客对价格只有值得与不值得的区分。所以酒店在制订价格时要多考虑顾客的消费心理，遵循一定的定价原则，才能够制订出让顾客满意的价格。

酒店产品的定价原则主要有以下 5 点。

①酒店产品的价格必须严格按照酒店产品的真实价值来衡量制订。

任何夸大、虚假的信息，都会直接让顾客对酒店产生不好的印象。

②酒店产品的价格的变化幅度必须适应市场供求关系的变化，市场发生变化时，价格也要做出相应的调整。

③酒店产品的价格需要保持一定的稳定性，因为酒店的价格在一定程度上代表了酒店在顾客心中的形象，例如酒店的档次定为高档或中档。但如果酒店频繁调整价格，会让顾客对酒店产生经营不稳定的印象，也容易让顾客对酒店丧失信心。

④酒店价格的制订要具备一定的灵活性，以便应对市场的变化，例如，团购和散客的价格差。

⑤酒店产品的价格要接受国家政策的调整。旅游产品的价格首先要符合国家旅游行政主管部门和行业协会的相关规定。在特殊时期，比如黄金周等重大节庆期间，相关部门还会对酒店产品实施限价管理，酒店在调整价格时要充分考虑到。

4.1.3 酒店价格制订的步骤

了解了酒店定价的影响因素和制订原则之后，就可以制订酒店的价格了。酒店价格的制订需要按照一定的步骤。

第一步，明确酒店的定价目标。在制订酒店产品价格之前，首先需要确定酒店的定价目标，它是第一步也是关键性的一步。它在酒店营销的长期计划中起到重要作用，也是酒店营销目标的基础性工作。另外，酒店的多个职能工作与协调都离不开酒店的定价策略，所以需要首先确定酒店的定价目标，从而确定酒店的经营性目标，是为了快速获得经济性利益，还是为了获得长期性的客户量。

　　第二步，深入市场衡量市场规模。在制订价格之前，还需要深入市场，对市场中的客户情况进行细致划分，从而找到酒店的目标市场，掌握其特点，并深入了解目标市场的购买能力与购买习惯，准确判断市场需求。衡量市场不仅能够为酒店正确制订产品的价格水平范围提供引导，还能够促进酒店更好地评估该酒店产品的利润率等。

　　第三步，分析酒店产品的成本构成。这里的酒店成本除了产品本身之外，通常还包括酒店的建筑、酒店的设施设备以及酒店的服务等。酒店的主要产品是客房，客房的成本费用包括客房清扫整理、客房的折旧费用、客房设备的折旧费用、客房内消耗品的成本费用以及设备修理费用等。

　　第四步，竞争市场评估分析。分析竞争对手的价格定位、价格战略以及竞争对手的经营情况，可以利用博弈的方式来分析价格对彼此双方的影响。

　　第五步，确定酒店产品可接受的最低价。根据酒店的成本分析，确定出酒店产品可接受的最低价。再在该价格的基础上确定酒店能够接受的较低的投资收益率的毛利润，将得到酒店可赢利的低价格水平。如果市场连这个价格都接受不了，那么酒店就应该重新考虑这种产品的可行性。

　　第六步，确定定价方法。根据酒店产品的成本、需求以及竞争状况的分析，选择适合的定价方法，定价方法包括成本导向、竞争导向以及顾客导向3种。

　　第七步，确定酒店产品的价格。根据前面6个步骤的具体分析，最终确定酒店产品的价格，这是决定酒店盈利与否的关键步骤。

4.2
酒店定价的方法选择

定价方法指酒店在特定的定价目标指导下，依据对成本、需求及竞争等状况的研究，运用价格决策理论对产品价格进行计算的具体方法。定价方法主要包括成本导向定价法、竞争导向定价法和顾客导向定价法 3 种类型。

4.2.1　成本导向定价法

酒店在定价时以酒店产品的价值为基础，即以酒店产品的成本或投资额作为产品定价的主要依据。在具体定价时，首先考虑酒店产品的全部成本，以成本作为商品定价的最低界限。它是酒店最常用、最基本的定价方法。究其原因，主要存在以下 3 点优势。

①成本定价法只考虑成本，不考虑供求关系等因素，能够保证酒店生产经营所耗费的全部成本得到补偿，并在正常情况下能获得一定的利润。

②成本导向定价法制订的酒店价格相对稳定，如果顾客需求量增大，按照成本导向定价，酒店的产品价格也不会大幅提高。而固定的加成，也使酒店能获得比较稳定的利润。

③酒店在只考虑自己生产、经营成本的情况下定价，能够有效避免或减少与竞争对手之间的价格竞争。

成本导向定价法是通过一个个期望的销售数字计算出的定价，如果销售的数字没有达到预期要求，那么则无法达到预期利润。

成本导向定价法分为总成本加成定价法、目标收益定价法、边际成本定价法和盈亏平衡定价法 4 种定价方法。

◆ 总成本加成定价法

总成本加成定价指把所有为生产某种产品而发生的耗费都计入成本的范围，计算单位产品的变动成本，合理分摊相应的固定成本，再按一定的目标利润率来决定价格。总成本加成定价法计算公式如下：

产品售价 = 完全成本 ×（1+ 加成率）×[完全成本 ÷(1− 利润率 − 税率)]

◆ 目标收益定价法

目标收益定价法又称投资收益率定价法，是根据酒店的投资总额、预期销量和投资回收期等因素来确定价格的方法。目标收益定价法的计算公式如下：

产品售价 =（总成本 + 目标收益额）÷ 预期销量

◆ 边际成本定价法

边际成本定价法指每增加或减少单位产品所引起的总成本变化量。因边际成本与变动成本比较接近，而变动成本的计算更容易一些，所以在定价实务中多用变动成本替代边际成本，而将边际成本定价法称为变动成本定价法。边际成本定价法的计算公式如下：

产品售价 =（产品总变动成本 + 产品边际贡献）÷ 销量

◆ 盈亏平衡定价法

在销量既定的条件下，酒店产品的价格须达到一定的水平才能做到盈亏平衡、收支相抵。既定的销量称为盈亏平衡点，这种制订价格的方法就称为盈亏平衡定价法。盈亏平衡定价法的计算公式如下：

盈亏平衡点价格＝固定总成本÷销量＋单位变动成本

尽管成本导向定价法简单易操作，但是也存在一些无法忽视的缺点。首先成本导向定价法忽视了市场需求、竞争和价格水平的变化，有时候甚至与定价目标相脱节。其次，成本导向定价建立在对销量主观预测的基础上，在一定程度上降低了价格制订的科学性和严谨性。

4.2.2　竞争导向定价法

竞争导向定价法是酒店通过研究竞争对手的生产条件、服务状况、价格水平等因素，依据自身的竞争实力，参考成本和供求状况来确定商品价格。以市场上竞争者的类似产品的价格作为酒店产品定价的参照的一种定价方法。

竞争导向定价主要包括随行就市定价法、产品差别定价法和密封投标定价法。

◆　随行就市定价法

随行就市定价法指酒店根据行业的价格水平和自身的竞争战略来制订价格的一种方法。酒店价格的制订主要基于竞争者的价格，很少注意自己的成本或需求，定制的价格也基本上与竞争者的价格大致平衡。这种紧跟大流的定价方式，是一种比较稳妥的、低风险的定价方式，一方面规避了与竞争对手的激烈竞争，另一方面也降低了经营风险，更容易被顾客接受。

但是，随行就市定价法并不是要求价格与竞争者完全相同，因为不同的酒店，其酒店产品的质量、服务水平以及设备设施等都不可能完全相同，因此在具体的定价上可以有差别。随行就市定价只是以竞争对手的价格为基准而已。

◆ 产品差别定价法

如果说随行就市定价法是规避风险，避免竞争的稳妥型定价法，那么产品差别定价法就是利用酒店产品的特性优势，选取低于或高于竞争对手的价格作为酒店的价格，属于一种进攻型的定价方法。

产品差别定价法主要有以下几种表现形式，具体如表4-1所示。

表4-1　产品差别定价法的主要表现形式

种类	内容
细分顾客类型定价	对不同的顾客制订不同的价格，例如预订酒店客房时，教师、学生以及70岁以上的老人享受打折优惠
根据产品类型定价	对产品的不同类型制订不同的价格，例如商务房、标间以及套房
产品形象差别定价	酒店可以根据酒店客房不同的形象，制订不同的价格，例如象征新婚、甜蜜的新婚客房
地理环境差别定价	酒店可以根据不同位置的客房制订不同的房价，例如靠近海边的海景房，夜观星空的观星房
根据时间差别定价	酒店客房的价格可以根据时间的差别制订不同的价格，例如对旅游淡旺季制订不同价格

◆ 密封投标定价法

密封投标定价法，也称为投标竞争定价法，是指在招标竞标的情况下，企业在对其竞争对手了解的基础上定价。这种价格是企业根据对其竞争对手报价的估计确定的，其目的在于签订合同，所以其报价应低于竞争对手的报价。

该类定价法主要用于投标交易，并不适合酒店的定价。

竞争导向定价法虽然充分考虑到了产品价格在市场中的竞争力，但是竞争导向定价法过分关注价格上的竞争，容易忽略其他营销组合可能造成产品差异化的竞争优势。

4.2.3 顾客导向定价法

顾客导向定价法又称需求导向定价法、市场导向定价法，指的是酒店根据市场需求状况和顾客的不同反应分别确定产品价格的一种定价方式。

顾客导向定价法一般是以该产品的历史价格为基础，根据市场需求的变化情况，在一定的幅度内变动价格，以致同一商品可以按两种或两种以上价格销售。这种差价可以因顾客的购买能力、对产品的需求情况、产生的型号和式样以及时间、地点等因素而采用不同的形式。

顾客导向定价法主要包括理解价值定价法、需求差异定价法和逆向定价法 3 种形式。

◆ 理解价值定价法

理解价值定价法指的是根据顾客对酒店产品价值的主观评价情况来制订酒店产品价格。酒店以顾客对酒店产品的理解情况作为定价依据，结合各种营销方式提升顾客对酒店产品价值的判断，从而形成对酒店有利的价值观念，再制订价格。

◆ 需求差异定价法

需求差异定价法指酒店产品价格的确定以顾客需求为依据，首先强调适应顾客需求的不同特性，而将成本补偿放在次要的地位。这种定价方法，对同一商品在同一市场上制订两个或两个以上的价格，或使不同商品价格之间的差额大于其成本之间的差额。其好处是可以使酒店产品定价最大限度地符合市场需求，促进商品销售，有利于酒店获取最佳的经济效益。

◆ 逆向定价法

逆向定价法是指酒店根据顾客能够接受的最终销售价格计算自己从事经营的成本和利润后，逆向推算出酒店的定价。采用反向定价法的关键在于如何正确测定市场可销售价格水平。测定的标准主要有以下4点。

①产品的市场供求情况及其变动趋势。

②产品的需求函数和需求价格弹性。

③顾客愿意接受的价格水平。

④与同类产品的比价关系。

4.3 酒店价格的报价技巧

报价是酒店为扩大自身产品的销售，运用口头描述技巧，激起客户消费欲望，从而扩大酒店销量的一种营销技巧。报价并不是简单地向客户说明价格，而是要结合推销技巧和语言艺术，采取不同的报价方式，真正意义上达到营销的效果。

4.3.1 酒店产品的完整报价流程

尽管酒店产品已经制订好了标准价格，但是当遇到一些特殊顾客的特殊情况时，酒店往往不会直接按照定价直接销售，而是会酌情考量顾客的情况重新向顾客推荐一份新的报价。例如某公司组织员工参加培训入住酒店，此时入住的顾客数量多且时间长，如果酒店仍然按照统一定价来销售很可能会失去该单生意。

酒店产品的报价需要经过多个步骤协商制订，具体过程如图 4-1 所示。

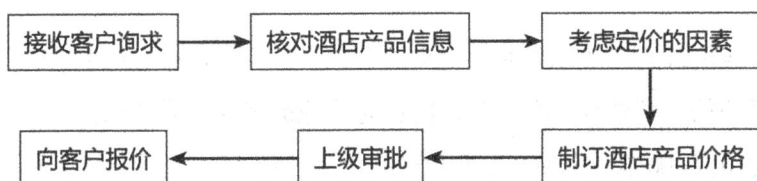

图 4-1

第一步，接收客户询求。酒店在报价之前首先需要了解客户的具体需求，包括酒店客房的数量、客房的标准、入住的时间、是否需要提供餐饮以及是否需要额外的服务等。

第二步，核对酒店产品信息。在了解客户的需求之后就需要结合酒店的实际情况，核对酒店产品信息，查看是否能满足客户需求。例如在预订时间段内客房数量能否满足。

第三步，分析影响定价的因素。首先根据所涉及的酒店产品，核算产品生产成本、经营成本以及人力成本，然后了解客户所能接受的理想价格，再了解同行业中竞争对手的价格情况。

第四步，制订酒店的价格。根据酒店产品生产成本、经营成本、管理成本以及人工成本，结合影响定价的因素，制订出具体的酒店产品价格。制订的价格要计算出总成本、毛利润以及能够接受的最低价格。

第五步，向上级审批。因为该类型的报价与常规的酒店定价不同，通常会低于酒店定价，所以需要提前向上级报备申请，说明价格优惠的原因。

第六步，向客户报价。得到上级的审批之后就可以向客户报价了，这也是报价的关键步骤。

4.3.2 按需推荐，更精准的报价方式

报价时充分考虑顾客的特点，考虑顾客的性格特点和消费特点，对客户的类型做到精准划分，再针对性地提出客户满意的报价。从销售的角度对顾客进行划分，可以分为以下 4 种类型，如图 4-2 所示。

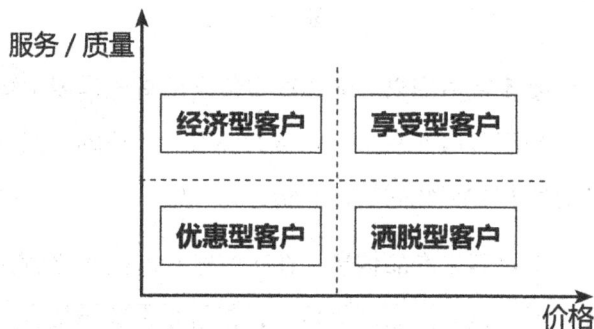

图 4-2

◆ 享受型客户

他们通常对价格不敏感，比起价格他们更关注的是酒店提供的服务和产品质量，只要酒店的服务 / 质量能够达到要求，他们能够接受的价格较高。

针对这一类型的客户，报价时首先向顾客报出酒店的最高价，让顾客了解酒店高价带来的配套景致、高档设施以及贴心服务。接待员要善于运用语言打动顾客，高价伴随着的是优质的享受，促使顾客做

出购买决定。但需要注意的是，任何的高价都是建立在合理的范围之内，不可虚报谎报。

◆ 经济型客户

这类客户虽然对酒店的服务和质量有高要求，但是对价格接受度不高，他们会在心理预设一个可接受的价格范围区间，超过的话便不会接受。经济型客户通常在咨询之前就已经对行业内同类型酒店做过比较，他们会分析比较哪家酒店的性价比更高。

针对这一类型的顾客首先需要向客户强调酒店的服务／质量优势，即酒店配套的设备设施、酒店的环境特点以及酒店的特色服务等，最后适当优惠之后报出酒店价格。这样的报价方式突出产品质量，减弱价格对顾客的影响，对这一类型的客户比较适用。

◆ 优惠型客户

这类客户对价格尤其敏感，对酒店的服务／质量要求不高，只要能够达到基本标准即可，但是价格一定要优惠。这类客户通常已经咨询了行业类酒店价格，他们会对比哪家的价格更优惠。

◆ 洒脱型客户

洒脱型客户指的是对价格和产品／质量没有过多要求，只要过得去就行的客户。他们通常比较洒脱，也不愿意多家对比，只要在可接受的合理范围之内报价，都可以接受。

针对这一类型的客户，接待员在报价时可以将客房类型按高到低的报价方式向客户推荐。但是需要注意的是，不要因为该类客户比较洒脱就刻意提高房价，客户的洒脱都建立在价格合理的范围之内。

4.3.3 拆分式报价，客户接受度更高

拆分式报价指的是将看起来"贵"的价格拆分成客户比较容易接受的小量计价单位再进行报价，使"贵"的价格变成"值得"的价格。

很多客户面对某一价格时并不是不能接受，而是会习惯性的觉得贵，此时要选择客户能够接受的方式进行报价。例如酒店的某类型客房价格为 680 元，报价时可以将双人免费自助早餐 80 元／人，和100 元／人免费夜宵券从房费中拆分出来，这样客房的价格就变成 500元。此时再向客户说明酒店内配备健身器材、游泳池、桑拿房等都是该类房型的免费使用项目。这样一来，客户心中的高价便会被大幅度弱化，也更容易打动客户，促成交易。

具体而言，拆分式报价主要具备以下优势。

①心理上，提高了客户的价格接受范围。

②价格上，拆分的方式表达，降低了价格贵的成分。

③内容上，丰富了酒店产品和服务类型的多样性。

④情绪上，拆分式的报价使顾客的情绪更容易得到满足。

综上所述，在价格不降低的基础上对其进行拆分说明，不仅能够加深顾客对价格的认知，还能让顾客觉得值得，更愿意接受。所以，接待员在实际的报价营销中不要一味地降低价格来迎合客户，可以利用拆分报价的方式说服客户。

4.3.4 类比式报价，对比形成差别

类比式报价指的是将产品与其他同类型的产品进行对比分析，从

而突出该产品的优势，形成明显差别，刺激客户购买消费。

类比式报价主要有两种对比方法，如下所示。

①将酒店不同类型的产品从价格、舒适度、环境、服务以及特色等方面做对比，突出某类产品的优势。

②将酒店产品与其他同类型的酒店做对比，突出自己产品的优势。

类比的关键在于让顾客自己体会出二者之间存在的差别，并从中选择出适合自己的产品。因此，接待员的作用主要在于为顾客全面分析利弊，但是不要帮顾客做决定。

类比式报价时需要注意几点内容，以提高交易成交的概率，如表 4-2 所示。

表 4-2　类比报价的注意事项

注意事项	内容
坚持正面比较	接待员在向顾客报价比较时，要从正面向顾客比较介绍，即着重向顾客介绍客房的特点、优势以及服务，并指出它们的不同。这是顾客除了价格之外关注的重点，所以不能够模糊带过，需要实事求是地对比分析
引导顾客正确看待价格差别	有的接待员在报价时，会刻意地回避价格差，担心顾客明确价格差之后就放弃购买了。实际不然，价格差是客观存在的，也是由服务质量、产品成本以及设施设备等组合而成的，所以要确信价格的合理性，引导顾客正确看待价格差别
以事实说话	接待员要积极收集竞争对手的信息，在对比分析时要用事实说话，以便必要时进行比较，从而通过事实来说服客户，更具说服力

制订适应市场环境的组合产品优惠价

市场中的客户类型较多，酒店的产品也要针对客户的类型适当做出调整变化。在制订价格时表现出多样性和灵活性，以组合的方式制订出更多受市场欢迎的产品组合及优惠价。

4.4.1 会议型客户组合产品

会议型客户对酒店来说是能够产生重大经济效益的客户，会议型客户通常指参加会议人数较多的客户，除了使用酒店会议室之外，还可能会使用酒店的客房、餐厅、健身房以及娱乐设施等，这些都能够为酒店创造直接的利益。

首先我们需要了解会议型顾客选择酒店时的关注点，这也是酒店营销的关键因素，主要体现在以下几个方面。

会议室的情况。会议型客户的主要目的在于会议，所以他们首先会对酒店的会议室情况做分析对比。酒店会议室的大小、多少是他们关注的重点。

客房的情况。通常参加会议的人数较多，会议组织者要确保所有的会议参与者都能够入住同一家酒店，这样便于管理和安排，所以酒店客房的数量和大小也是会议型客户选择酒店时会考虑的因素。

酒店的娱乐设施情况。通常会议型客人会要求酒店提供丰富的娱乐设施以及宴会场所，以便他们组织晚会和娱乐活动，度过会议之外的闲暇时间。

酒店会议型客人的接待经验。为了保障会议正常召开和顺利进行，组织者常常会了解酒店以往接待会议型客人的经验，以及酒店在面对突发状况时的一些应急处理方法。

酒店的一些额外服务。会议型组织者面对众多的会议参与者可能会出现准备不足的情况，所以为了规避这一情况，组织者常常会事先了解酒店的一些额外服务情况，例如飞机票预订、接送服务以及提醒服务等。

综合上述因素，我们可以发现会议型客户要求酒店服务不但要具备酒店产品的特点，还要具备会议的特点，这就要求酒店提供的产品必须具备多样性、及时性以及灵活性。这里的产品不单单是酒店的客房、餐饮和会场，还包括酒店的安保设施、会场设备以及会务信息的传递等。

针对会议型客户的酒店组合产品通常包括会议室、酒店客房以及酒店设施，其中所涉及的费用包括会议室租用费、餐饮费以及房费。但是一些会议预算有限的客户，可能会出现只租用酒店会议室，住宿和餐饮选择其他相对便宜一些的酒店或饭店。为了避免这一情况的出现，同时增加酒店的盈利，酒店可以推出一些组合型产品，以打包组合的方式促销酒店产品，为酒店创造利润。

组合产品即将会议型客户所需要涉及的项目进行组合，例如租用会议室 2 天以上，入住客房数量超过 100，可享受 8.5 折酒店会议用餐围桌，或会议用餐自助餐 45 元 / 位的优惠价。还可以将酒店的会议室与客房打包组合，当会议租用时长和租用场地面积达到一定要求之后，可以享受客房打折优惠。下面来看具体的会议酒店产品组合促销案例。

某酒店 2019 年会议营销推广方案

每年的 4～7 月为酒店经营的淡季，公司会议和游客出行率降低，为了提高酒店客房的开房率，带动酒店会议、中西餐以及娱乐设施等相关项目的消费，在满足酒店淡季经营成本支出的同时，开拓广泛的客源市场，特制订以下促销方案。

1. 活动时间：2019 年 4 月 20 日～2019 年 7 月 20 日

2. 活动内容：

220 平方米可容纳 200 人的大型会议室，酒店原价 16 000 元 / 天，活动价格 14 000 元 / 天；150 平方米可容纳 100 人的中型会议室，酒店原价 10 000 元 / 天，活动价 8 000 元 / 天；70 平方米可容纳 70 人的小型会议室，酒店原价 8 500 元 / 天，活动价 7 500 元 / 天。

健身：小型会议室健身房可容纳 50 人，酒店原价 2 000 元 / 天，活动价 1 800 元 / 天。

娱乐：KTV 酒水吧享受 8.5 折优惠；温泉原价 98 元 / 人，活动价 45 元 / 人。

住宿：客房原价 768 元 / 天，活动价 598 元 / 天。

餐饮：会议用餐中餐围桌享受 8.5 折优惠；会议用餐西餐享受 9.5 折优惠，每桌赠送红酒一瓶。

备注：活动价只针对大型团队入住，但如果只使用会议室和客房，价格按照合同协议价格执行，不享受活动优惠。

4.4.2 婚庆型客户组合产品

酒店如今已经成了年轻人心中比较理想的婚礼场地，首先，酒店的场地宽阔适合众多的亲朋好友相聚；其次，酒店配备专业的服务人员能够提供体贴入微的服务；再次，酒店的配套设施完善，能够给亲朋提供丰富的娱乐设施；最后，酒店的菜品丰富适合众人的口味。

对酒店而言，婚礼不仅可以带来直接的经济利益，还能够为酒店拉动人气，扩大客源，是一个较好的营销宣传机会，也是众多酒店竞相争抢的一个重要市场。

酒店想要得到举办婚礼的客户，首先需要了解该类客户关注的重点是什么，即酒店能够为他们提供哪些到位的服务。通常有以下几点。

酒店宴会厅的大小。新人举办婚礼，参加的亲朋好友人数通常很多，所以酒店宴会厅的大小成了新人关注的重点，需要提前了解、实地考察，以免出现拥挤的情况。

酒店场地的风格特点。每个新娘对自己的婚礼都充满幻想，中式的、西式的、传统的或新潮的，如果酒店的风格与自己的想法相差太多，那么该酒店也就不适合。

酒店的菜品。酒店的菜品是婚宴的重点，菜品要丰盛，寓意要好。

酒店额外的增值服务。酒店的增值服务也是新人选择酒店的一个重要因素，好的酒店除了提供基础的宴会服务之外，还会提供一系列的增值服务，例如蛋糕、娱乐设施以及客房等。

综上所述，为了赢得客户，酒店首先要建立多个风格类型的宴会厅供新人选择。其次对于婚宴而言，最为重要的是宴会，因此酒店在制订婚宴组合产品时要将重心放在宴会上，然后根据具体情况合理增加一些增值服务，这样的组合产品才是新人乐意接受的。下面看一个具体的酒店婚宴组合产品促销方案。

某酒店婚宴促销方案

每年下半年是婚宴举行的高峰期，为了扩大酒店的知名度，提高酒店的经济收益，抢占婚宴市场份额，酒店特地制作了婚宴促销方案。

1. 活动时间：2019 年 9 月 1 日～2020 年 1 月 31 日

2. 婚宴宴会标准：

永结同心：　888 元／桌（10 人）　　白头偕老：　1 080 元／桌（10 人）

情投意合：1 680 元／桌（10 人）　　珠联璧合：　2 080 元／桌（10 人）

比翼双飞：2 380 元／桌（10 人）　　佳偶天成：　2 880 元／桌（10 人）

3. 活动餐会内容：

免费提供宾客签名册一本（宴会标准 888 元以上）。

免费提供相应桌数精致请柬（宴会标准 888 元以上）。

免费为新娘提供浪漫温馨的独立化妆间（宴会标准 888 元以上）。

免费为新人提供婚宴 3 层精美婚礼蛋糕（宴会标准 1 080 元以上）。

免费为宾客提供娱乐区域，以供来宾在开席前休闲娱乐，包括素茶、麻将、棋牌以及零食小吃（宴会标准 1 080 元以上）。

免费为新人提供蜜月套房一间，并提供免费夜宵、翌日双人份自助早餐（宴会标准 1 680 元以上）；

免费提供市区大巴接送服务（宴席满 15 席及以上即可）。

免费为宾客提供温泉、健身以及电影观看服务（宴会标准 2 080 元以上）。

免费赠送新人结婚周年庆酒店住房券一张（宴会标准 1 080 元以上）。

根据实例我们可以看到，在实际的酒店婚宴产品中，价格不是最为重要的，新人举办婚礼对价格的接受度较高。最重要的是要让新人觉得值得，即给予新人更多的增值服务。可从各个方面入手，尽力为新人解决婚宴前、婚宴中以及婚宴后可能遇到的各种问题。

4.4.3 家庭型客户组合产品

如今快节奏的工作方式，让许许多多的上班族失去了陪伴家人的时间，节假日便成了陪伴家人举家出游的机会。家庭型客户他们通常由老人、小孩以及中年人组成，年龄范围跨度大，因此在约定酒店时常常会关注酒店的服务质量是否能够照顾好老人和小孩，最好能够让他们享受家庭的温暖，感受家的温馨。

家庭型客户与其他类型的客户关注点有所不同，主要有 3 点。

客房要求。家庭型客人通常是一家人出行，人数多且关系亲密，所以对于客房通常要求既亲密，又能有自己的私人空间。亲密在于家人之间能够互相帮助、随时联系，但是又能保留各自的隐私。

餐饮要求。家庭型客人对于餐饮通常会以健康为主，他们会首先顾及老人、小孩的健康问题，然后再关注特色和味道等问题。

服务设施。酒店应当适当为客人提供适合的服务和设施，例如儿童乐园、儿童看护、儿童浴池、养生馆以及茶室等。

所以酒店在制订组合产品时要着重考虑客房的安排以及餐饮的风格。例如酒店可以安排一些酒店套房，一方面保证客户的亲密，一方面也使其拥有自己的独立空间。在套房的房费中可以增加一些免费的增值服务，例如睡前客房服务、免费赠送牛奶、水果以及玩具等。在餐饮方面，组合产品中可以适当降低成人的餐饮费用，儿童则施行半价或免费策略，一方面儿童本身食量小，不适合全价，另一方面也能体现酒店的贴心和优惠。下面来看一个酒店家庭型促销活动方案。

某酒店家庭型客户促销方案

为了承接更多各种类型的客户，让客户感受到酒店服务的多样性，扩大酒店的客户类型，酒店特别针对家庭型出游客户制订了促销方案。

1. 活动时间：2019 年 10 月 1 日～ 10 月 7 日国庆期间

2. 活动内容

家庭式客人预订两居室酒店花园套房，原价 1 880 元 / 晚，活动价 1 580 元 / 晚。

家庭式客人预订三居室酒店海景套房，原价 3 600 元 / 晚，活动价 3 280 元 / 晚。

家庭式客人预订两居室酒店泳池别墅，原价 4 580 元 / 晚，活动价 3 980 元 / 晚。

家庭式客人预订三居室酒店泳池别墅，原价 6 518 元 / 晚，活动价 5 880 元 / 晚。

3. 酒店设施与服务

免费提供接送机服务，租车服务以及班车服务。

免费提供自助早餐服务，晚餐享受 8.8 折优惠。

儿童可以免费使用酒店儿童乐园娱乐项目，但需家长陪同。

客人需要的情况下可免费提供专业的儿童看护。

免费提供室外游泳池、健身房、私人海滩区、棋牌室、茶室以及图书室。

别墅客人免费配置 24 小时私人管家，可享受别墅内冰箱软饮（雪碧、芬达以及可乐等），以及热带水果。

实际上，除了上述消费较高的套房式酒店之外，还有一些家庭式客栈和家庭旅馆非常适合家庭型客户，这些酒店的价格相对较低，但是其提供的酒店产品也能够满足家庭型客户的需求。

4.5
酒店常用的促销手段

为了应对酒店行业的淡季，维持酒店的正常运营，酒店常常会推出一系列的促销手段，以期望通常这些大力度的促销活动刺激消费者的购买消费欲望。

4.5.1　薄利多销拉人气——团购

团购简单而言就是团体购物，指认识或不认识的消费者联合起来消费，以换得最优价格。对商家而言，团购也是一项薄利多销、拉动人气的促销方式，酒店行业就常常利用团购的方式促销。

酒店团购已渐渐发展成为趋势，对于顾客而言，团购能让他们直接体验到价格的优惠。但是对于酒店而言呢，酒店在团购中获得哪些益处呢？下面我们来看看酒店团购促销的优势，如表 4-3 所示。

表 4-3　酒店团购的优势

优势	内容
提高入住率	低价团购带给酒店最为明显的变化就是能够明显提高酒店客房的入住率。酒店的客房是固定存在的，入住与否都不会对其造成损失，团购虽然利润降低，但是增加了客流量
争取更多的客源	酒店与团购网站合作可以争取更多的客源，降低由于自身能力限制所造成的客房空置，借助网络传媒的力量，以较低的成本达到较高的品牌输出

优势	内容
提高客户黏合度	酒店利用团购网吸引客户，聚集人气，在预订之后再以会员、优惠券以及打折之类的方式完成客户与酒店的直接联系，规避第三方平台，提高客户的黏合度，便于客户二次消费
宣传力度增加	借助酒店的团购模式，酒店的宣传力度被有效增加，酒店的品牌影响力得到提升，从长远的角度看更适合酒店发展
增加销售渠道	酒店团购增加了酒店的销售渠道，降低了酒店因分销渠道过度单一或集中带来的运营风险

虽然酒店团购能够为酒店带来众多好处，但是在实际的运营中很多的酒店在团购促销中并没有取得很好的成绩，究其原因，主要有3点。

①酒店需要挑选优秀的合作伙伴，即选择有品牌、有实力并且诚信的团购网站。优质的团购网自身具备的品牌效应能够加深客户对酒店的信任度。其次，优质的团购网也利于酒店的健康发展。

②酒店自身要保证团购产品的质量，不能因为低价就降低产品的质量。团购是一种新兴的营销方式，可以为酒店带来高人气，为酒店挖掘潜在客户。如果酒店以次充好，则会败光酒店的好感度，使酒店失去人气。因此，酒店需要保证团购产品的质量，对于差别产品需要提前进行质量说明。

③酒店在后期要做好服务调查，重视客户的体验和感受，以便自我提升，进一步宣传酒店品牌。

下面来看一个具体的酒店团购促销方案。

某酒店团购推广方案

为了整合不同行业有相同需求的商家进行资源互补，丰富酒店的服务内容，给客人留下深刻印象，提高酒店的入住率和回头率，某酒店特地联合游轮餐厅进行组合团购。

游轮餐厅提供特色服务，可以明显提升客户的体验感受，让客人充分享受酒店的服务。不但可以住得舒服，还能够玩得特别。

1. 活动时间：2019 年 5 月 ~ 7 月

2. 活动内容：

（1）凡通过某网站预订酒店房间，即可享受团购优惠价格。

标间团购价 688 元 / 晚，门市价 890 元 / 晚。

情侣套房团购价 660 元 / 晚，门市价 890 元 / 晚。

商务房团购价 758 元 / 晚，门市价 980 元 / 晚。

（2）入住首晚酒店赠送欢迎点心和欢迎饮料一份。

（3）酒店免费提供接送机服务。

（4）免费提供酒店游泳池、私人沙滩、棋牌室以及娱乐室。

（5）每间客房免费提供两份中西式自助早餐。

（6）凡是通过某网站入住酒店的客户即可赠送游轮五折游览观光优惠券 2 张。

3. 使用规则

（1）团购用户暂不享受酒店内其他优惠活动。

（2）每张优惠券限两人使用，超出收费标准的，按照酒店内实际价格收取费用，或者另行购买团购券。

（3）每次消费不限制团购券的使用数量，可叠加使用。

根据案例可以得出，团购不仅仅可以利用自身资源，还可以借助其他不同行业的资源进行联合促销，丰富自身的产品优势，使其更具竞争力，也更容易吸引客户。

4.5.2 根据消费次数适量优惠———数量折扣

数量折扣指对达到一定数量的购买行为给予一定折扣的策略，其目的是刺激消费者或中间商购买酒店的产品。酒店为了鼓励买方大批量购买自己的产品，通常会以数量折扣的形式将酒店的一部分利润让渡给买方。

数量折扣策略根据消费的特点划分，分为累计性批量折扣和一次性批量折扣。

◆ 累计性批量折扣

累计批量折扣是对在一定时期内累计购买酒店产品的数量或金额超过规定数额的购买者的价格折扣。按照购买数量的多少，分别给予不同的折扣，数量越多，折扣的力度也就越大。酒店通常以积分卡或会员卡的方式来实现累计性批量折扣。

实行会员卡或积分卡能够给酒店带来众多益处，具体内容如下。

①实现客户捆绑，提高客户与酒店之间的黏合度，便于酒店对客户的维护和管理。

②有利于培养客户的忠诚度，让一个客户持续性的、长久性的在酒店消费。

③为酒店创造更大的利润空间，会员的优惠折扣只是少数的利益降低，但酒店能够收获更多更大的利润空间。

④了解、记录以及追踪客户的消费习惯，为客户制订适合的酒店组合产品和价格。

下面看看 7 天连锁酒店的会员积分优惠政策。

7天连锁酒店为了促进销售，培养忠诚的客户群体，特地制订了会员制度。对于酒店而言，会员不仅能够为酒店进行宣传，还能够帮助酒店对客户消费特点进行销售分析；对客户而言，会员可以给予直接的价格优惠。这样共赢的销售方式非常受客户的青睐。

7天连锁酒店的会员主要可以享受7个方面的权益，具体内容如下。

（1）特价促销：会员专享77元的体验入住；会员享受88元首次入住；会员可以享受优惠券折扣。

（2）专享会员经济房：酒店为会员客户提供了会员经济房，仅限个人会员卡用户使用。

（3）会员积分：①入住积分，会员本人以会员价格入住酒店各个分店，按过夜房费每1元可获得1分；②预订积分，通过7天酒店网站和手机短信进行预订并成功入住后，普通会员可多获得77积分，高级会员可多获得单倍过夜房费积分；③建议积分，通过7天酒店网站提出建议，并获得采纳，每次可获得50积分；④促销积分，参与7天酒店促销活动，根据该活动条款获得相应积分。

（4）积分兑换：2 000积分，兑换7天酒店任一分店大床房一晚；500积分，兑换延迟退房1小时；400积分，兑换旅行套装一套；200积分，兑换睡前牛奶一盒；100积分，兑换7天酒店会员实卡一张。

（5）赠送免费的睡前牛奶：为了提高入住顾客的睡眠质量，会员每天入睡前，酒店会免费提供一份牛奶。

（6）特商优惠：为了给会员提供更多的方便，让会员享受更多优惠，酒店与周围多家特约商户合作，为会员提供优惠。

（7）延时预订保留和退房：会员免积分担保时段出现NO SHOW（预订未到且未通知酒店而自行取消预订），扣300分。普通会员入住当天18:00前取消订单，不扣减订单，不扣减积分。另外，会员可使用积分担保延迟入住，每 500 积分可担保 1 小时延迟入住，最长担保至 23:00。

◆ 一次性批量折扣

一次性批量折扣又称为非累计性数量折扣，是对一次性购买超过规定数量或金额的客户给予优惠的价格。其目的在于鼓励客户增大每份订货或购买量。对酒店而言，一次性批量折扣便于酒店大批量生产和销售产品，有利于降低成本，加快资金的周转速度。

例如，很多的酒店会和旅行社签订合作协议，旅行社一次性为酒店提供旅行团客户，酒店为这些客户提供酒店服务。酒店按照协议内容给旅行社佣金，并降低客房费用。因为旅行社的客户量大，一次性需要的客房较多，所以为了降低酒店运营成本，加快资金周转，酒店可以适当降低盈利率，让利于旅行社。

对于累计性批量折扣与一次性批量折扣酒店可以分别使用，也可以结合使用，只是酒店需要考虑这两种折扣方法是否适合酒店目前的经营情况。因此，酒店经营者需要理性分析，预测市场需求，合理安排折扣方式。

4.5.3 拒绝设施闲置——淡季折扣

酒店受到季节变化、时间分配以及消费周期等因素的影响，常常在某一时间段内出现销售明显下降或基本停滞状态，这段时间被称为淡季。

在酒店行业中，淡季现象比较突出。因为酒店产品受到旅游目的地气候、风俗、节气以及传统节日的影响，另外还受到时间的限制，造成了酒店尤其是度假型酒店市场季节性强的特点。

与此同时，淡季也为酒店带来了大量服务设施闲置、资源浪费等现实问题。为了提高服务设施利用率，增加人气，也为酒店增加盈利，酒店需要做出淡季折扣营销策略，可以从以下 4 个方面入手。

◆　重新定位酒店的客户群体

通常酒店的淡季偏好是一些受到时间限定约束的客人，在时间限制的条件下，这类的客人不会介意酒店是否优惠。因为无论酒店是否优惠，他们都没有时间出游。所以，酒店需要重新定位，找寻淡季中的其他客人，并针对这些客人的特点制订出相应的折扣优惠。

例如旅游度假型酒店，旺季的客户群体通常是上班族，时间约束性较大，只有在节假日才能抽时间出游。所以淡季时，酒店要重新寻找一些不受时间限制的客人为主要营销对象，比如老年顾客，老年顾客时间比较充裕，且优惠折扣对他们而言具有较大吸引力。另外，一些企业也会将旅游作为员工的福利，这类企业为了节约成本也会选择旅游景区淡季时出游，因此这类企业也是酒店重要的营销对象。

◆　优化酒店的产品和价格

在客人严重缺少的情况下，更要对每一个到店的客户重点开发，尽量从各个方面为酒店盈利。这就需要酒店对自身的产品和价格及时做出调整和优化，才能够发掘出更多客人到店消费的机会。例如推出酒店的套餐券，将酒店的餐饮和娱乐以优惠的价格进行组合营销。

◆　拓展酒店的营销宣传渠道

淡季客人数量少，员工工作比较空闲，此时可以多做宣传，拓展酒店的营销宣传渠道，包括线上和线下营销宣传活动，配合一定的优惠折扣。不同的宣传渠道会给酒店带来不同的营销效果，也会增加酒店的客户群体类型。

◆ 提高会员的回购率

会员是酒店的利益保障，在淡季中更是如此。会员通常是已经在酒店消费过的客户，对酒店的基本情况、产品特点以及设施环境都比较熟悉和认同，所以回购的可能性也比较高。此时，只要针对会员群体做好活动优惠宣传，可以最大限度地保障酒店的正常运营。

每一个酒店都应该重视会员体系的构建，不仅是对客户的二次开发，维持会员消费也是酒店淡季的基础保障。

4.5.4 按照地域位置来定价——差别定价

因为各地区所在的地理位置不同，其旅游资源的丰富程度也不同，所以对顾客的吸引力大小也不同，因此也就出现了旅游热门区域和热门城市。如果一家连锁酒店不考虑当地的实际情况，定价还是按照统一定价，那么对于处于热门地域的酒店来说盈利率必然会大幅降低，对于处于冷门地域的酒店来说其价格也难以在当地占据优势，抢占客源。因此，作为一家酒店，就应该根据自己所处地区的不同，采取地理差别价格来吸引顾客，从而保证自己的客源。

桔子酒店的产品差异定价

桔子酒店是一家定位于时尚、简约的美式全球连锁酒店，引入国内之后就一直坚持自己的时尚路线，以区别于那些简单提供住宿服务的宾馆和招待所直接演变而成的商旅酒店。

在价格方面，桔子酒店本身做的就是走经济路线的个性化酒店。所以桔子酒店虽然在装修和家具陈设上精致美观，但客房价格却很实惠。尽管客房整体上都比较经济实惠，但是根据酒店地理位置、所处环境以及城市的发展水平等差异，桔子酒店的客房定价还是按照差异性制订。

　　北京王府井大街桔子酒店客房信息图和镇江市新区桔子酒店客房信息图，如图 4-3 所示。

酒店预订	交通位置			酒店概况	
江南精选大床房 查看详情	会员价	大床	直营	¥1279	¥1087
	铂金会员12倍积分房	大床	直营	¥1279	¥1279
	镇峰特惠	大床	直营	¥1279	¥870
标准大床房 查看详情	会员价	大床	直营	¥739	¥628
	铂金会员12倍积分房	大床	直营	¥739	¥739
	镇峰特惠	大床	直营	¥739	¥502
秋韵高级大床房 查看详情	会员价	大床	直营	¥899	¥764

酒店预订	交通位置			酒店概况	
豪华大床房 查看详情	镇峰特惠	大床	直营	¥319	¥217
	会员价	大床	直营	¥319	¥271
	铂金会员12倍积分房	大床	直营	¥319	¥319
商务大床房 查看详情	镇峰特惠	大床	直营	¥339	¥230
	会员价	大床	直营	¥339	¥288
	铂金会员12倍积分房	大床	直营	¥339	¥339
精选高级大床房 查看详情	镇峰特惠	大床	直营	¥369	¥244

图 4-3

　　从图 4-3 中可以看到两家酒店虽然房型一样，配置一样，但是价格却相差很多。原因在于北京属于经济核心发展区，客人接受度高，且酒店位置紧邻故宫、天安门以及王府井等景点，所以自然价格较高。

互联网营销：新时代下的营销技巧

　　随着时代的进步与发展，各种各样的网络与科技进入人们的日常生活，甚至成了人们的必需品。酒店营销如果能够紧跟潮流，运用新型营销手段，除了能够吸引客户的关注之外，营销的效果也更明显。

5.1
随时随地的微信营销

据统计，目前国内的微信用户量超过 7 亿，可以说微信已经成为人们日常生活中必不可少的沟通交流工具。微信拥有如此庞大的用户群体，奠定了微信成为企业营销宣传的重要方式。因此，酒店营销必须重视微信，以及微信中所包含的各项功能。

5.1.1　公众号酒店内容推送

酒店企业可以在微信中注册自己的公众号，引流添加粉丝，再定时向粉丝推送酒店相关信息，进而起到推广营销的作用。与个人微信账号相比，微信公众号更具备营销工具的特点，因为公众号为酒店和客户提供了一种新型的信息传播方式，能更好地与客户之间形成沟通和联系。

微信公众号的推广营销主要在于推广文章的设计。一篇好的文章能获得较多的阅读量之外，还能让读者在阅读营销推广软文的过程中不引起读者的反感，这就需要制作者在编辑设计时下一番功夫。

　　◆　第一步，抢眼的封面设计

任何一篇文章推送到用户面前时，用户最先看到的，最先引起兴趣的都是封面图。因此，每一期的微信公众号文章首先需要设计一个抢眼的封面图，才能够使其在众多的公众号软文中脱颖而出，成功吸引用户眼球，也能为用户留下深刻的第一印象。

◆ 第二步，吸引人的文章标题

每一篇文章都需要一个醒目的文章标题，尤其是在如今这个信息量巨大的时代，人们每天面对各种无效的垃圾信息，只有通过标题来快速挑选自己感兴趣的文章。但是文章切忌"标题党"，这样的方式虽然可以快速吸引用户的眼球，但是如果没有优质的内容作为支撑，只会让用户反感，甚至降低对酒店品牌的信任感。

◆ 第三步，文章内容的编辑

文章内容是公众号文章推送的主体，也是营销推广的主要内容。文章内容的编辑是最为重要的一步，它常常决定着营销的成功与否。优质的文章内容通常有一个共性，即除了推广营销之外，用户通过文章的阅读可以从中学会或了解一些重要的知识或信息。常见的文章内容包括以下几个方面。

知识性软文。顾名思义，用户可以通过文章的阅读获得一些知识，这类的文章通常针对性比较强，也比较容易得到用户的认可和长期性的关注。但是，在编辑时要确保知识的正确性。

经验性软文。经验性软文主要是一些常见的生活经验和工作经验，属于分享类文章。这样的文章让人感觉亲近，就像是朋友之间的分享，能够有效拉近与用户之间的距离。

娱乐性软文。这一类的文章是目前市面上运用比较多，也是比较受用户欢迎的文章类型。文章以轻松有趣的内容作为营销点，用户比较容易接受。大部分人的生活、工作和学习比较繁忙，浏览公众号推送软文也是利用碎片化时间，例如公交车等待时间和午休时间等，在休息的时间里面用户想要的更多是轻松和娱乐，所以娱乐性软文更加适合。

故事性软文。故事性软文具有情节性，相比普通软文类型更具吸引力，也更容易被用户接受。因此，如果能够以故事的方式结合酒店的产品和特点进行软文推广，其营销效果更明显，也让人印象更深刻。

情感性软文。真正优质的软文往往能够引起用户的情感共鸣，包括愤怒、感动以及喜悦等情感。正是因为这些感情的触动，所以用户更愿意转发或分享，将其推荐给自己的亲朋好友。

促销性软文。这类的软文虽然促销推广性质比较明显，但是如果它能够给用户带来比较直接的优惠折扣，用户普遍比较喜欢，也愿意接受。

下面来看一篇布丁酒店公众号推送的文章。布丁酒店推送的公众号文章首页，如图 5-1 所示。

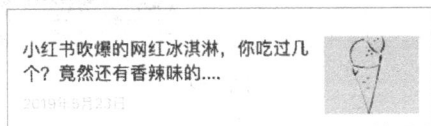

图 5-1

首先用户第一眼看到的便是简约的冰淇淋图片，在 5 月份这种炎热的天气中，冰淇淋可以让用户直接感受到凉爽和美味，也能快速激起用户的兴趣。其次，文章标题"小红书吹爆的网红冰淇淋，你吃过几个？竟然还有香辣味的……"中用网红冰淇淋吸引用户的注意力，再用新奇的"香辣味冰淇淋"引起用户的好奇心，吸引用户单击阅读。标题与图片紧密配合，突出文章中心内容。

单击文章链接查看文章内容。"最近天气又开始变热啦，是时候亮出阿布藏了一个春天的冰淇淋清单啦！"文章开头以阿布的第一人称口吻与用户对话，拉近与用户之间的距离，也使文章显得更亲切，更容易被人接受。

随后便开始推荐自己的冰淇淋榜单，如图 5-2 所示。

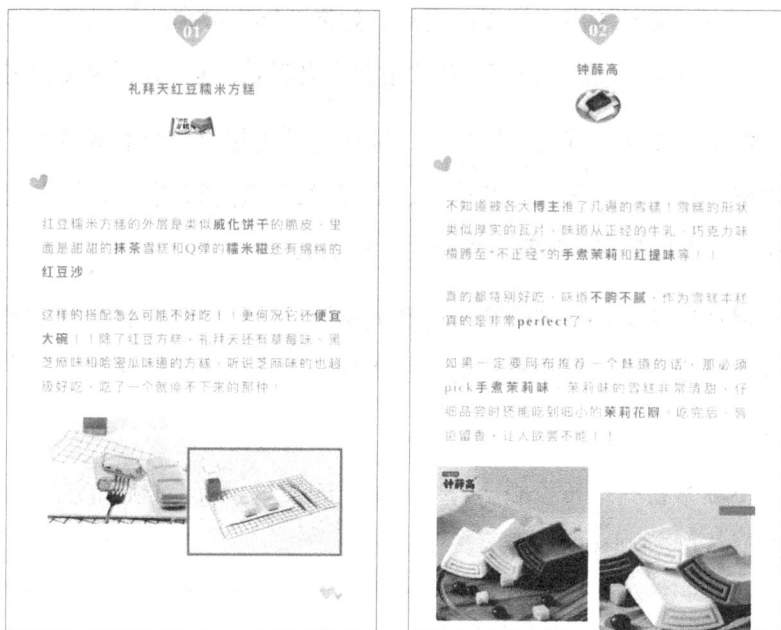

图 5-2

对冰淇淋的味道、外形以及特点进行仔细的文字描述之后，再表达出自己对该冰淇淋的看法，最后配以冰淇淋的照片，牢牢抓住用户的眼球。干净、简洁的排版，配合白色清爽的色调，能使用户产生较好的阅读体验。

介绍完冰淇淋榜单之后，文章并没有忘记自己推送文章的最终目的在于酒店的营销宣传。因此，在文章的最后写出"话说阿布家的新零售门店也有很多冰凉解暑的冰淇淋啊！不仅如此，饮料都已经帮你冰镇好啦，入夏的天气，喝一口冰冰凉凉的汽水，wow，是一件多爽的事情。来阿布家，各种饮料小零食不用排队带回家。"以凉爽解暑的冰淇淋作为酒店的一大特色向用户介绍，吸引用户前来消费。最后再配以酒店的零售门店照片，如图 5-3 所示。

图 5-3

根据案例可以看出，实际上酒店公众号文章的内容编辑并不困难，只要文章的内容结合当下热点，抓住吸引用户眼球的关键点，再结合酒店的产品特色即可。这样的文章不仅不会引起用户的反感，反而会拉近与用户之间的距离，为酒店培养忠实的粉丝与客户。

5.1.2 微信在线订房，轻松实现 O2O 闭环

微信公众号的软文推送吸引粉丝关注，扩大粉丝用户群体，完成酒店的线上营销推广，但是其最终目的还是要将客户引流到线下酒店去实体消费，完成交易。微信在线订房功能可以轻松实现线上和线下的对接和循环，实现 O2O 的闭环。下面结合维也纳酒店的微信在线订房功能进行介绍。

每一个微信公众号都有 3 个一级菜单，然后再根据自己的实际情况设置二级菜单。酒店的客房预订是酒店的主要产品，也是酒店的盈利根本，因此通常放在公众号自定义菜单中的一级菜单中，这样当用户打开公众号便能一目了然，快捷操作了。维也纳酒店微信公众号的一级菜单客房预订功能，如图 5-4 所示。单击"预订"按钮，弹出二级菜单，显示酒店的多种客房类型。

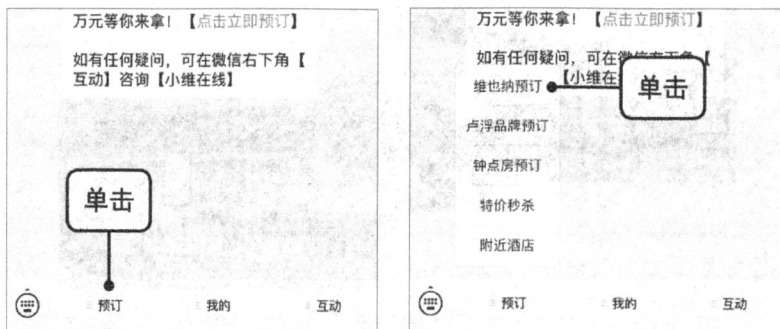

图 5-4

单击"维也纳预订"按钮，进入维也纳酒店首页，如 5-5 左图所示。单击页面中的 ▨ 按钮，进入"选择城市"页面，选择入住的酒店城市，如 5-5 右图所示，这里选择上海市。

图 5-5

选择完成之后，页面自动跳回酒店首页。单击" ▥ "按钮，进入"选择日期"页面，选择酒店入住的时间和离店的时间，如 5-6 左图所示。
返回上一页面，单击搜索框，进入"选择关键词"页面，对酒店的名称、
地址、商圈进行设置，如 5-6 右图所示。

图 5-6

设置完成之后，页面跳转至酒店列表页面。页面显示符合条件的
酒店列表，并显示出酒店的基本信息，包括酒店名称、酒店位置、酒
店评分以及最低价格。

单击页面中时间后的下拉按钮，页面将跳转回到"选择日期"页面，
可以对入住的时间进行更改。单击"筛选"后的下拉按钮，可以对距离我、
商圈、行政区、地铁线、设施、价格以及特惠进行筛选设置，选中选
项后的单选按钮，再单击"确定"按钮，如 5-7 左图所示。单击"智
能排序"后的下拉按钮，可以对酒店的排列顺序进行设置，包括默认

排序、价格最低、价格最高以及评分最好，如5-7右图所示。

图 5-7

完成之后，页面显示出符合条件的酒店列表。单击酒店名称，进入"酒店详情"页面。页面展示出酒店的图片、地址、设施，下拉还可以查看酒店的房型，如5-8左图所示。选择房型之后，单击价格后的下拉按钮，在弹出的菜单中单击"预订"按钮，如5-8右图所示。

图 5-8

进入"填写订单"页面，核对自己的手机号码，单击优惠券后的"单击选择更多优惠"按钮，选择适用的优惠券，如图 5-9 所示。

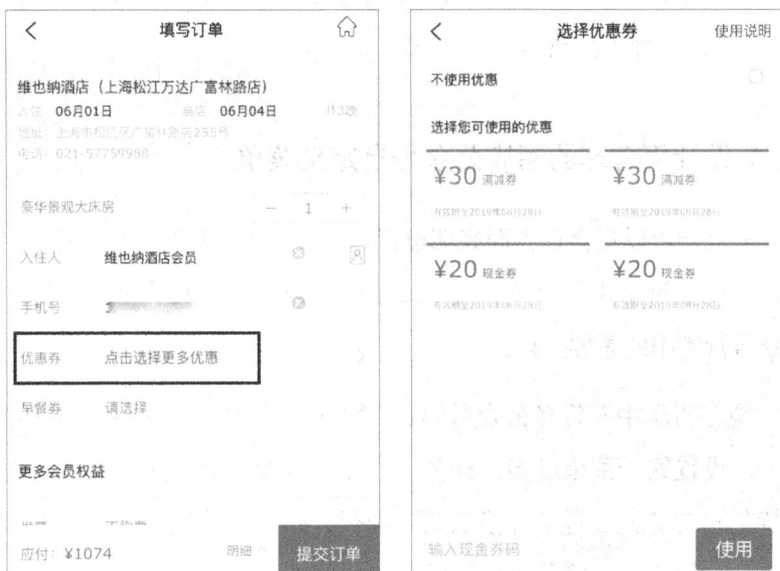

图 5-9

最后单击"提交订单"按钮，在页面上完成支付即可。需要注意的是，如果用户不是酒店会员需要提前在页面中注册自己的信息，才能够在微信中完成酒店预订。

整个预订流程看下来，可以发现通过微信预订酒店对于用户来说非常简单、便捷。那对于酒店而言，微信预订酒店有哪些优势呢？具体如下所示。

◆ 微信订房系统可以轻松实现在线选房订房、在线支付、自助入住、微信开门等高科技体验，提高酒店档次。
◆ 微信作为酒店的自销渠道，免去了中间商的过程，为酒店提高了利润。

◆ 微信公众号订房系统可以自主在节假日和特定的时间进行促销活动，增加会员忠诚度。

◆ 入住、结算时间大幅缩短，酒店高峰时期效率倍增，有效降低店内的人力成本。

5.1.3 设计更合理的酒店公众号自定义菜单

公众号可以在会话界面底部设置自定义菜单，菜单项可按需设定。用户可以通过单击菜单项，收到设定的消息。自定义菜单设计是微信公众号营销中的重要一环。

现在市场中有许多公众号的自定义菜单设置都存在一定的问题。第一，设置的子菜单过多，许多企业在设置菜单时，为了展现出酒店的特色和功能就设置了许多的菜单项目，给人以凌乱的感觉，没有主次之分；第二，一级菜单与二级菜单之间的关系不明显，用户不能准确快速找到自己想要的功能，只能将每个菜单都一一看遍才能找到。

设计公众号自定义菜单首先要遵循设计规则，具体如下所示。

①可创建最多 3 个一级菜单。

②每个一级菜单下可创建最多 5 个二级菜单。

③一级菜单最多 4 个汉字，二级菜单最多 8 个汉字。

在菜单内容的设置方面，先要明白自定义菜单的功能性。就目前来看，酒店微信公众号的自定义菜单主要有 3 种。

文章推送。当用户单击某项菜单之后，公众号会自动向用户推送一条或多条相关联的公众号文章，单击文章标题可查看详细内容。

在香格里拉酒店公众号中单击"餐饮零售"选项，在打开的子菜单中单击"浪漫婚宴"选项，用户会接收到有关于婚宴的组合文章，单击文章标题，可以查看文章内容，如图 5-10 所示。

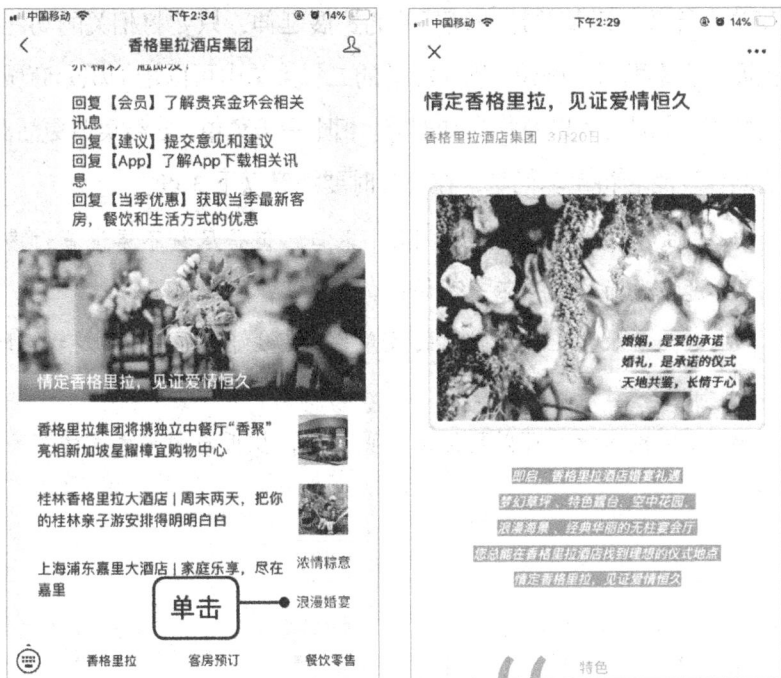

图 5-10

页面或小程序链接。当用户单击某项菜单后，页面自动跳转至某个指定页面或是小程序。该项功能运用的比较广泛，例如酒店客房的预订、个人中心、会员管理以及商城购物等。

客服服务。当用户单击客服菜单时，系统自动链接机器人客服或人工客服，用户可以与酒店客服人员直接对话。

酒店运营人员设计具体自定义菜单时，要充分考虑菜单栏的聚合性和功能性，即一方面要展示出酒店的产品和特色，另一方面要做好客户关系的维护和管理。

一级菜单只有 3 个，要突出表现公众号的核心功能，可以设置为酒店预订、会员中心以及酒店活动 3 个方面。二级菜单是一级菜单的子菜单，所以二级菜单是一级菜单的扩展延伸，只要将相关的功能和特色展示出来即可。例如，酒店活动的二级菜单中可以增加积分商城、签到抽奖、客服介入以及招商加盟等。相比一级菜单，二级菜单更活泼，也更能体现酒店特色。但是，在设计时要注意以下 3 点。

◆ 二级菜单最多可以支持 15 个入口，但是尽量不要设置过多，过多反而给用户带来不好的体验。

◆ 对于二级菜单项目较多的菜单栏，要做好排序工作，逻辑清晰，给人良好的视觉体验。

◆ 菜单栏的设计可以更活泼、更生动，拉近与用户之间的距离。

5.2
自建网站专业营销

目前许多的酒店都建立了自己的官网，客户在官网上也可以完成酒店的预订和营销推广。相比其他营销方式而言，官网显得更加专业，也能给客户建立信赖感。

5.2.1 官网是酒店的形象

很多人对官网不解，在如今这个互联网飞速发展的时代，营销方式多种多样，为什么一定要选择建立官网呢？需要创建成本之外，还需要日常的维护和管理，酒店为此需要投入大量的人力物力。但是官网有着其他营销方式无法取代的优势，内容如下。

公信力度大。酒店的官网是酒店的直接发言人，在酒店官网展示的产品、活动、图片以及文字等内容，都能表现酒店的品牌特性，让客户产生信赖感。

精准的客户。进入官网的客户都是通过搜索关键词而来，是比较精准的客户群体。

营销能力强。官网自带吸引力，具备传统型网站展示功能的同时，更能让企业及产品自由推广营销、开拓新老客户。

另外，官网还能给酒店带来一些具体的好处。

①官网能够获得商机和新的客户，为酒店创造价值。

②酒店的信息可以在官网上得到完整地表达，可以快而广地向客户以及潜在客户传递酒店的文化和信息。

③官网能够让客户获得好的访问体验，客户喜欢到访问体验好的网站上获得信息，提高了客户与酒店之间的连接度。

④官网可以让酒店和浏览用户之间实现互动沟通，能主动、及时、方便、多途径的与访问用户沟通，大幅度提升了网站访问用户的转换率，让网站真正意义上成为酒店的销售渠道。

⑤官网能够最快最方便地把客户需要的产品信息与联系方式给客户，最大限度减少客户流失。

⑥官网具备更好的页面设计和视觉布局，能够给用户带来更优质的浏览体验。

简单来说，酒店的官网可以说是一个代表酒店形象的酒店销售平台，在完成销售任务的同时还能够向客户推广宣传，直接传递酒店的信息。

5.2.2 酒店官网的功能设置

酒店官网既是酒店的形象，也是酒店的直销渠道，这就要求官网既需要具备展示功能，也要具备销售功能。我们通过浏览酒店行业的官网可以发现，通常酒店行业的官网具备以下几种功能。

◆ 信息发布功能

信息发布功能是指在官网中发布酒店的新闻、业界的动态以及网站的公告等信息，在后台还需要对其进行集中管理，包括编辑、修改、增加和删除等。7 天连锁酒店官网，如图 5-11 所示。

图 5-11

从图 5-11 中可以看到，7 天连锁酒店的官网中也具备了信息发布功能，且 7 天酒店的信息发布功能分为两个版块，将酒店的信息做了分类，即"7 天快讯"和"品牌专区"。用户可以在"7 天快讯"中快速了解 7 天酒店的相关信息，而在"品牌专区"用户可以了解 7 天旗下所有酒店的相关信息。

信息发布功能是酒店与用户直接对话的一个接口，通过信息的发布可以加快信息的传递，也能吸引更多的长期用户群体，保持网站的活力和影响力。

◆ 产品展示功能

产品展示功能是酒店官网中的一项重要功能，也是吸引用户消费的重要途径。在官网的首页需要真实、美观并极具特色的为用户充分展示酒店产品，包括图片展示和文字展示。而在后台，需要实时维护界面，为前台页面添加类别、添加种类。速 8 酒店官网中的产品展示界面，如图 5-12 所示。

图 5-12

从图 5-12 中可以看到，在速 8 酒店的官网中，以大量真实的酒店环境照片和客房照片，真实地向用户展示酒店产品情况。另外，为了能够让用户准确地找到酒店位置，除了文字说明之外，还配备了相应的地图展示。

官网营销中最为重要的便是酒店产品，如何全方位地向用户展示产品，突出产品的特点，包括价格优势、环境优势以及设备优势等是酒店官网运营人员需考虑的重点。

◆ 会员管理功能

官网还需具备会员管理功能，用户只有注册成为会员之后才能够享受相应的服务，例如会员专享产品。官网后台需要满足会员进行简单的查询、修改、删除以及锁定等管理操作，在官网前台需要设置会员的注册功能、登录功能以及会员个人中心管理功能。如家酒店官网中的会员注册页面，如图5-13所示。

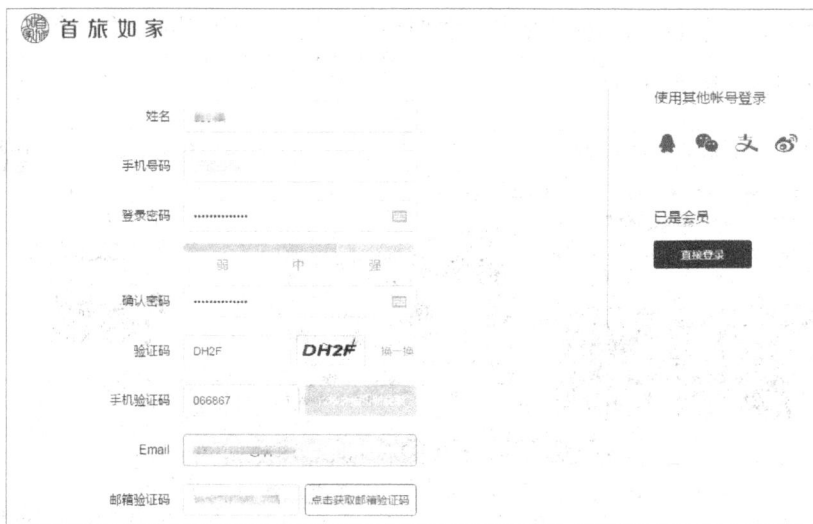

图 5-13

会员对每一个酒店来说都是珍贵的资源，会员不仅可以给酒店带来直接的利益，还能持续不断让酒店增值。因此，官网中需要设置会员功能，通过官网来全方位地管理会员，了解会员的消费特点，掌握会员的关注点，推出会员喜欢的产品，提高会员与酒店之间的黏合度。

◆　交易功能

官网营销的最终落脚点在于交易，因此在官网中必须设置交易功能，即在官网中用户可完成产品购买、在线支付以及订单查询等功能。而官网管理人员在后台可对订单进行统计、删除以及追踪等功能。

宜必思华住会官网的酒店预订页面，如图 5-14 所示。

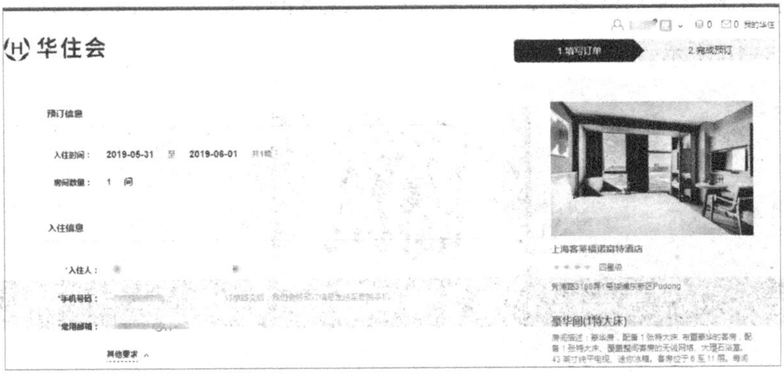

图 5-14

用户预订房间首先需要进入填写订单页面，在页面中填写相关信息，包括入住时间、入住人信息、手机号以及邮箱等信息。然后再提交订单进入支付页面，如图 5-15 所示。

图 5-15

通常交易功能都是由订单填写和订单支付两个功能组成，每个酒店官网的交易功能大同小异。但是，需要注意的是官网的安全性，因为涉及资金交易。

◆ 网站商城功能

有的酒店官网还会提供商城功能，通常为积分商城。用户可以在商城内用积分换一些商品，如优惠券等。速 8 酒店官网中的积分商城，如图 5-16 所示。

图 5-16

在速 8 酒店的积分商城中，用户可以通过积分兑换客房类商品、会员卡类商品以及优惠券类商品。一方面可以使用户感受到优惠，增进用户与官网的互动，一方面也可以提高官网的人气。

以上便是酒店官网中一些基础功能模块的设置，当然除此之外，有的网站还设置了招商加盟、用户评论以及搜索引擎等功能。酒店在建立自己的官网时需要多浏览同行业的官网，取其精华，去之糟粕，建立出具有自己特色的官网。

5.3
累积粉丝微博营销

微博营销是以微博作为一个营销平台，累计大量的粉丝，通过微博每天更新内容与粉丝交流，发布话题与粉丝互动，以达到营销的目的。有效粉丝的数量越多，营销的效果也就越明显。

5.3.1 微博营销的特点

随着互联网的快速发展，微博已经成为时事热点讨论的平台，无数的网友聚焦微博，对当下的时事热点发表他们的看法和见解，微博渐渐成为他们日常生活中不可缺少的一部分。

在这种情形下，无数的大小企业纷纷涌进微博，与消费者进行直接的沟通和互动，充分发挥着微博的营销魅力。那么微博营销具备很多优势，如表 5-1 所示。

表 5-1　微博营销的优势

优势	内容
操作简单	微博的操作非常简单，其一键转发功能、点赞功能以及评论功能都比较简单，容易操作。这为企业与粉丝之间的互动打下了良好的基础
多媒体展示	微博利用多媒体技术手段，从文字、图片以及视频等展现形式对产品进行描述，使潜在的客户能够更形象地接受信息
传播速度快	微博营销中一个最为突出的特点在于传播速度快，一条热度高的微博甚至可以在短短几分钟内登上热搜榜，迅速被几十万人、几百万人甚至是几千万人关注，并在短时间内抵达世界的每个角落，这是其他营销方式难以达到的效果

续上表

优势	内容
粉丝群体广	微博本身拥有强大的粉丝群体，用户比较广泛，因此企业在微博中营销能够快速精准地找到受众目标。其次，结合明星、大 V 以及权威人士进行合作互动，能够吸引更多的粉丝，产生更广泛的营销效果
成本较低	微博营销相对于其他营销方式而言，其营销的成本更低，消耗的人力物力成本较小

5.3.2 清晰的微博定位

酒店做微博营销首先需要对自己的微博有一个清晰的定位，即什么类型的微博以及通过微博想要达到什么样的目的，这是进行微博营销的前提。

目前企业微博分为 5 类，具体如下所示。

互动类微博。企业借助微博平台增加与粉丝直接互动的机会，该类微博的重点在于互动，以维护、培养粉丝的忠实度。

品牌推广类微博。主要代表企业品牌，推广企业文化与愿景，是企业的一个官方发言地，能够表明企业的态度。

内容类微博。主要以内容为主，发表一些内容丰富、实用性强的文章内容吸引粉丝、吸引流量、提高关注度，从而起到营销推广的作用。

业务类微博。主要是通过微博完成企业的销售任务，粉丝可以通过微博直接交易。

经营者微博。主要是企业经营者自己开通的微博，发表一些自己的观点和想法，可以对官方微博进行的补充说明。

　　酒店可以根据自己的营销目的，选择适合的微博类型，同时一家酒店可以针对不同的微博类型开通不同的微博账号，以便各个微博各司其职。如家酒店的多个微博，如图 5-17 所示。

图 5-17

　　通过对微博的整体定位，表现出酒店官方微博的虚拟形象，之后微博上每说一句话就代表了酒店，对酒店而言，这也是一种营销方式。

5.3.3 发布有趣的内容提高吸引力

　　如今的社会广告泛滥，每天人们都要受到各种各样的广告的轮番轰炸。想要得到粉丝的青睐，使微博获得高人气，只有发布有趣、有吸引力的微博内容，才能吸引更多人的关注。

　　微博内容的构思可以从以下几个方面入手，比较容易引起粉丝的注意。

◆ 情感类

情感是一个永恒的话题，处于繁忙生活中的人们总是会被各种各样的情感文章打动，引起共鸣。因此，微博的内容可以从情感入手，包括亲情、爱情以及友情等，只要内容真实，有真情实感，都能够获得大量关注。大理悦湾度假酒店发布的情感类微博，如图 5-18 所示。

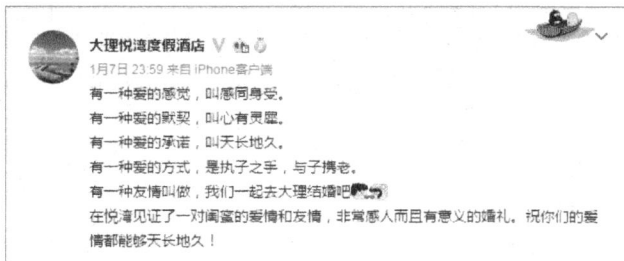

图 5-18

◆ 通用话题

通用话题类的内容主要是指一些能够引发人们共同思考的话题，例如怀旧、回忆以及兴趣等，其目的在于引起粉丝的讨论关注，引发热点，从而达到营销推广的作用。7 天酒店的话题微博，如图 5-19 所示。

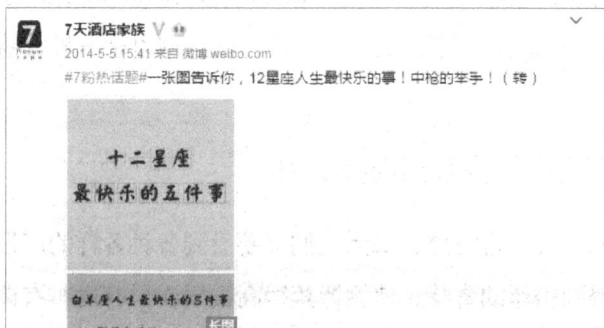

图 5-19

◆ 娱乐类

娱乐类的微博主要是发布一些轻松有趣、娱乐性强的内容，与粉丝进行互动交流，拉近与粉丝之间的距离。例如明星动态、八卦新闻等。这类的微博通常比较受粉丝的喜爱，也比较容易与粉丝之间建立情感交流。某民宿酒店发布的明星资讯，如图 5-20 所示。

图 5-20

◆ 实用类

实用类的微博主要在于其实用性，博主通过发布一些实用性强的微博帮助浏览微博的用户解决日常生活中常遇到的难题。这类的微博由于其实用性强，更能吸引众多用户持续关注。某酒店的异国取钱视频教程，如图 5-21 所示。

图 5-21

当然，除了上述的微博类型之外，还有一些其他的类型，例如故事类、知识类以及新闻类等都可以作为微博内容。选择哪种类型的微博内容主要看自己的酒店所针对的客户类型，例如民宿、青旅类的，主要针对的是一些有想法、爱创新的年轻人，那么就可以选择娱乐类的微博内容来吸引他们的关注。

5.3.4 发起活动提升人气

当微博经营到一定阶段后，有了稳定的关注度时，微博运营者就可以考虑通过微博发起一些活动来吸引粉丝的注意，让微博的活跃度更高，让粉丝更具黏度。

发起活动首先需要遵循以下 4 个原则。

有趣味性。有趣味性是微博营销的核心内容，这类活动主要追求创意，以便在微博运营者的引导下，让粉丝自动自发生成内容，增强微博粉丝的活跃度。

具备公益性质。具备公益性质的微博活动不仅能够提高粉丝参与活动的积极性，还能够为品牌树立良好的企业形象。

有益性。微博活动还需让粉丝有所受益，简而言之，就是让粉丝得到优惠，例如优惠券、企业产品以及现金奖励等。一些必要的物质性礼物也会大幅提高粉丝参与活动的积极性。

品牌性。所有的活动都不是为了活动而活动的，微博运营者需要注意的是，任何的微博活动都必须与品牌、与产品相关，这样才能真正意义上起到微博营销的作用。

在了解了微博活动的原则之后，就可以正式发起微博活动了。微博活动发起很简单，可以分为以下 5 步。

◆　第一步，为微博活动找到一个话题

活动要有"理"，即活动并不是随意临时而起的，需要一个理由、一个话题，使活动能引起粉丝的注意。话题的好坏能直接影响粉丝参与活动的积极性，话题能够调动他们的兴趣，吸引他们的关注。因此，活动配合节日、特殊日子比较好。

◆　第二步，微博活动的宣传推广

微博活动确定了之后就需要开始大肆对其进行宣传，如果宣传还仅仅停留在自己的微博范围之内，则很难取得良好的宣传效果。因此，可以寻找一些粉丝基数大的微博大 V 来转发关注，或者从自己的粉丝中寻找转发者，还可以将活动发布在新浪的活动平台上，让更多人来参加。

◆　第三步，设置活动的规则

微博活动的参与门槛尽量放低，以便让更多的粉丝参与进来，活动的规则尽量简单易懂，一般粉丝不愿意参与太复杂的活动，因此活动规则过于复杂，效果肯定会大打折扣。

◆　第四步，活动宣传页面设计精美

微博运营者还需要设计一张精美的活动宣传页，发布在微博上面，这样可以让活动看起来更加正规，可信度更高。

◆　第五步，奖品的设置要具备吸引力

活动的奖品要对粉丝具备吸引力，如果没有高价值的奖品，也可以通过数量来提高价值，可以根据用户群体的特点来选择他们比较感兴趣的奖品。另外，最好可以将自己的产品作为活动奖品，一方面可以增强粉丝对产品的认识，还能够对品牌进行传播推广。

下面来看一个酒店在微博上发起的活动实例。

2019年5月31日，7天酒店官微"7天酒店家族"趁儿童节来临之前，在微博发起了"CHILDREN`S DAY IS SWEET"活动，如图5-22所示。

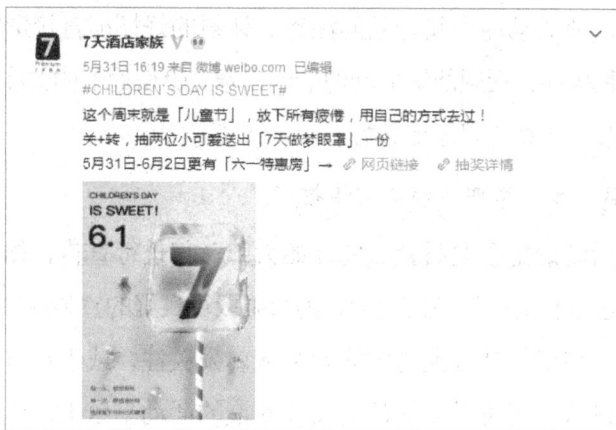

图5-22

首先，活动趁着儿童节来临之际，以儿童节的话题发出，不仅紧跟热点吸引粉丝，也为活动寻求到了一个较好的话题。其次，这次活动的规则非常简单，只要关注和转发就有机会获得奖品，降低了粉丝参与的门槛。再次，此次活动的奖品为"7天做梦眼罩"，与酒店行业息息相关，在活动之余，还能对酒店进行品牌宣传。最后，活动的页面设计也是创意十足，却又不失童真。页面是一个带有"7"标志的棒棒糖，一方面代表了儿童，另一方面也代表了7天酒店。

另外，借由这个契机7天酒店推出了六一特惠房，房价在原来的基础上做出了8.5折优惠，一方面让利于顾客，另一方面也对酒店产品做了活动促销推广。

事实上，微博活动就是利用活动积累粉丝，提高人气。微博活动传播的过程就是营销推广的过程，粉丝的数量越多，酒店作为信息源所发出的信息传播就越广，营销的效果也就越明显。

5.3.5　酒店微博的粉丝服务功能

粉丝服务平台是由新浪微博推出的一项新功能，是微博认证用户为主动订阅他的粉丝，提供精彩内容和互动服务的平台。酒店运营者可以利用该功能连接酒店和粉丝，使粉丝可通过微博直接完成客房预订、酒店查询以及订单查询等相关服务。利用该项功能可以直接使粉丝转化成客户，完成酒店的最终营销。

粉丝服务平台目前主要向用户提供 4 项功能。

①群发私信，把认为好的内容筛选出来，推荐给想要推送的粉丝。

②实时私信，查看最近 5 天用户发送给使用者的私信，快速给用户回复。

③素材管理，提前编辑要推送的内容，包括文字、图片、图文消息等，都可以提前上传保存在素材库里。

④高级功能，针对用户的行为，可以设定特定的内容作为自动回复，当用户符合所指定的规则时，就会收到自动回复消息。

可以看出，粉丝服务平台功能主要在于"服务"二字，即不是主动向粉丝推销，而是在粉丝已经关注的情况下，或粉丝想要了解的情况，向粉丝发送信息。

因此，微博运营者可以将其视为酒店与粉丝之间的连接通道，当粉丝有所需求时便向粉丝发送相关信息。下面来看一个具体的微博粉丝平台服务。

香格里拉酒店的微博开通了粉丝服务平台，平台分为 3 个一级菜单，每个一级菜单下有 3 个子菜单，包含了酒店的各项服务与功能，如图5-23 所示。

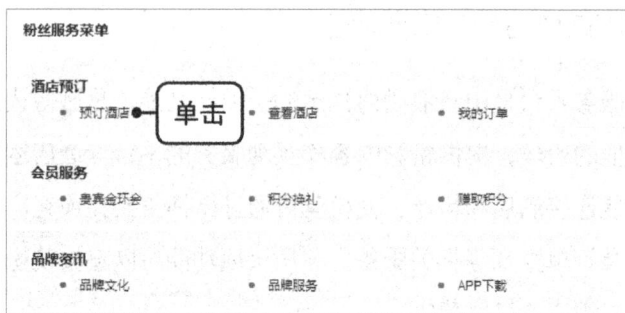

图 5-23

　　酒店预订是酒店的盈利来源，也是粉丝服务的重点功能，因此在第一个位置。酒店预订菜单下分为预订酒店、查看酒店以及我的订单。这里以预订酒店为例介绍粉丝服务平台功能，在酒店预订菜单中单击"预订酒店"选项，页面跳转至酒店预订步骤页面，在页面中填写相关信息，包括目的地、城市、入住时间、退房时间以及房间数量等信息，如图 5-24 所示。

图 5-24

　　单击"显示价格"按钮，页面跳转至酒店列表页面，在页面中可以看到各个酒店的基本信息，包括名称、房价以及注意事项，如图 5-25 所示。

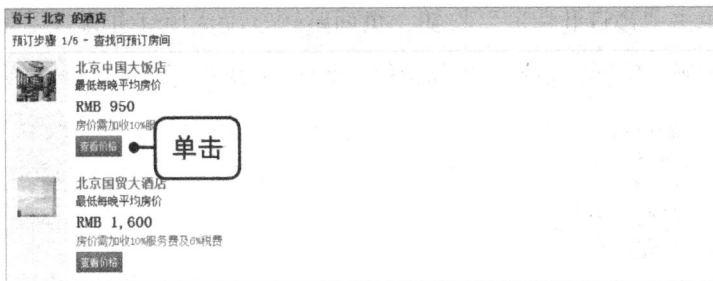

图 5-25

单击"查看价格"按钮，页面跳转至该酒店的各类房价列表，如图 5-26 所示。

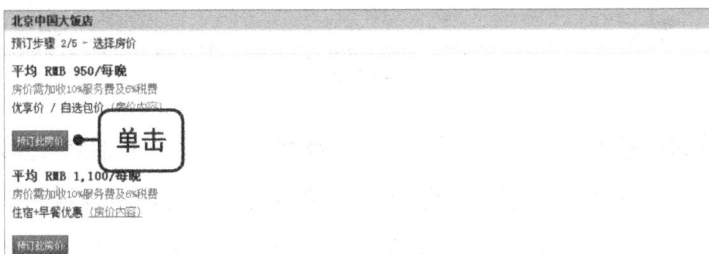

图 5-26

单击"预订此房间"按钮，页面跳转至选择房间页面，如图 5-27 所示。

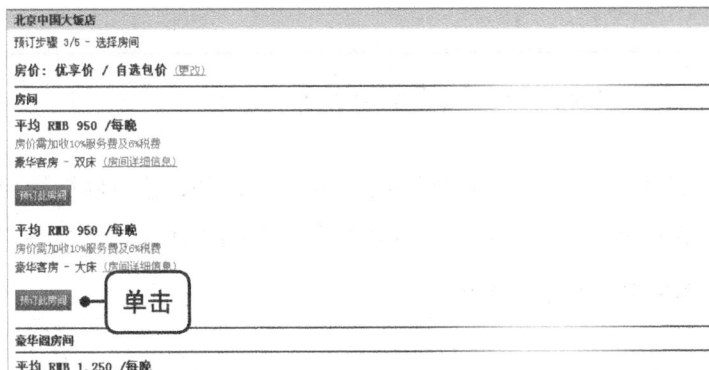

图 5-27

单击"预订此房间"按钮，页面跳转至确认预订页面。页面显示预订该酒店房间的基本信息与价格，如图 5-28 所示。

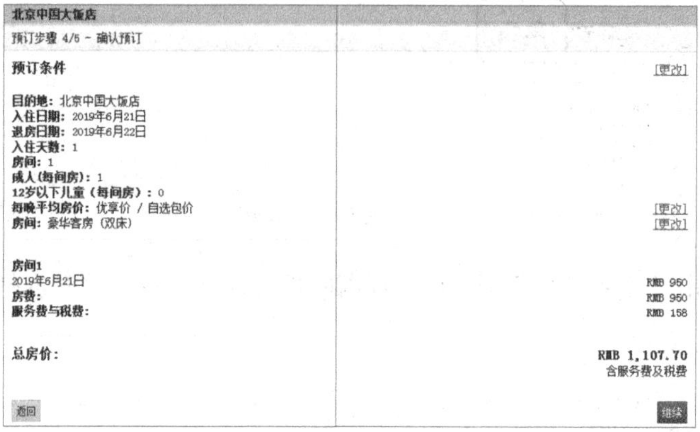

图 5-28

核实信息无误之后，单击"继续"按钮。在核实客人信息无误之后，付款即可完成预订。就此，即可完成微博酒店预订。可以看出，利用微博粉丝服务平台预订酒店简单便捷，省去了许多中间环节，使线上粉丝直接转化成线下客户，更有利于营销。

5.4
选择第三方平台合作推广

酒店除了自身运行的一些网络营销方式之外，还可以选择与第三方平台合作展开营销工作，借助第三方平台的优势在弥补自身不足的同时，也能开拓更多的市场。

5.4.1　第三方平台的优势分析

通过网络我们可以了解到，利用一些专业的第三方平台进行酒店预订已经成为时下最热门的一种预订方式，常见的网站有携程、艺龙、去哪儿以及飞猪等。这些第三方网站不仅拥有强大的用户基数，还打破了酒店官网存在的限制，提供票务、美食、门票以及酒店等服务，形成一个全方位、综合性的网站。用户通过该类网站更能享受到便捷高效的服务。因此，酒店的推广营销，第三方平台是不得不考虑的一个重要媒介。

第三方平台除了能够给用户带来便捷的用户体验之外，对酒店而言也具有强大的优势，具体内容如下。

有效降低营销成本。传统的酒店营销模式通常是以营销团队为主体，以本地顾客为主要销售对象，在地方上进行产品的促销和宣传，但往往是付出了大量的人力物力，结果却不理想。利用第三方平台，结合平台的规模，将酒店销售对象和区域扩展至全国甚至是全球，不仅使酒店可以获得高质量的客户资源，还降低了酒店产品在销售过程中的成本。

弥补酒店在客户服务中的不足。酒店的核心业务是客房以及餐饮，虽然酒店的管理可以对客房和餐饮进行不断的优化，但是对于客人的一些特色化服务却常常无能为力，例如机票、门票以及签证办理等。在与第三方平台合作的过程中，第三方合作平台的这些功能能有效弥补酒店行业服务中的不足。

提升酒店的知名度。第三方平台通常具备用户评论功能，用户对酒店的评分越高，酒店的排名也就越靠前。这在很大程度上提高了酒店的知名度，也使酒店在之后的用户预订选择中更具优势。

综上所述，第三方平台为酒店提供了新的市场和机遇，酒店应该积极与第三方平台合作，开拓更广阔的市场。

5.4.2 酒店第三方平台推广办法

确定了第三方平台推广营销之后，酒店就可以正式开始实施了。酒店的第三方平台推广很简单，其流程如图5-29所示。

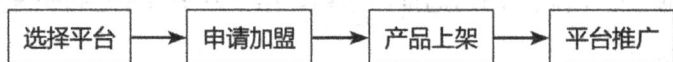

图 5-29

◆ 第一步，选择平台

市面上的第三方平台很多，功能也都大同小异，那如何从众多的平台中选择适合的平台呢？首先要考虑平台的正规性，拒绝与不正规的平台合作；其次是平台的规模大小，规模大的平台，往往提供给酒店的服务更全面，其客源也更广泛；最后是平台的佣金，平台都会收取佣金作为报酬，一般佣金是房价的12%～15%左右，尽量选择佣金较低一些的平台。

◆ 第二步，申请加盟

确定了平台之后就可以向平台申请加盟了。在平台的官方网站下方通常会有加盟链接。艺龙平台的加盟情况，如图5-30所示。

图 5-30

单击"酒店加盟"链接，进入酒店加盟页面，如图 5-31 所示。

图 5-31

单击"立即申请加盟"按钮，页面跳转至信息填写页面，如图 5-32
所示。

图 5-32

在页面中填写好自己的电话号码和邮箱信息，单击"立即申请加盟"
按钮，等待电话审核即可。

◆ 第三步，产品上架

产品上架即将酒店的产品和服务上传至第三方合作平台，包括文
字介绍、图片介绍以及地理位置等，并且要对其定期更新。产品上架
需要满足几点要求。

①上架时图片要包括酒店的整体外观、酒店大堂、客房以及其他，

图片内容真实有效，如图 5-33 所示。

图 5-33

②酒店地理位置详细说明并配图，同时对酒店的周边环境也可以进行说明，例如地铁站附近、火车站附近以及紧邻某景点等。

③酒店的设备设施表述清楚，包括客房内的基础设施、网络设施、交通设施、儿童设施以及休闲娱乐设施等。

④价格表，根据客房的情况、会员优惠以及活动打折等，设置不同的价格，以便满足不同需求的客户。

◆ 第四步，平台推广

平台推广的方式有很多，不同的推广方式其推广效果也不尽相同。酒店方可以结合多种推广方式综合使用，以提高推广效果。常见的推广方式有以下几种。

身份认证推广。酒店与第三方平台确定合作之后，第三方会对酒店的身份进行认定，不同的身份会得到不同的推荐和排名。例如独家、金牌以及银牌等。

评分机制推广。第三方平台会针对顾客对酒店的评价进行综合评分，评分越高的酒店其排名也会越靠前。点评内容非常广泛，包括卫生、服务、环境、餐饮、交通以及特色等。因此，酒店应该注重每一个顾客的服务体验，积极邀请他们评论打分，以提高酒店的评分。

活动优惠推广。为了提高用户的活跃度，平台通常会在节假日开展活动优惠刺激消费，酒店可以根据自身情况参与活动，活动能提升订单量，也能够对综合排名产生优化作用。

平台的管理维护。酒店需要每天对平台上的酒店信息进行管理维护，包括线上的订房情况、排名情况等，并做出适时监控回馈。线上的互动和订单越频繁，排名走势就越好。

客房营销：展现出酒店的专业和标准服务

第6章

06

客房是酒店的核心产品，也是酒店的主营业务，客房营销包括客房的配置、清洁以及住房管理等，目的在于为客人提供一个舒适、美观以及安全的理想住宿环境。

6.1
不同类型客户的客房营销

酒店的客户类型分为多种，例如商务类型客户、情侣型客户以及儿童型客户等，优质的客房营销需要针对不同类型客户的特点设置符合其特点的客房。

6.1.1 商务的客房设计

商务类型的客人入住酒店是以公务为主、旅游为辅，大部分属于企业白领，文化程度相对较高，酒店入住经验丰富。这一类型的客人通常对酒店的要求为方便、快捷、高效。因此，酒店在客房方面需要按照商务型客人的特点进行设置。

第一点，房间整体风格简约。 商务型的客人对客房的装修风格通常没有过多的要求，有时为了开视频会议甚至要求客房尽量简约大方。因此，针对商务型的客人，客房主要以明亮的白色和黄色为主，屋内的摆设尽量简单。

第二点，设备设施齐全。 这里的设备设施指的不是客房内的基础设施，而是针对商务型客人而设置的设施，例如国际国内直拨电话、计算机、传真以及复印机等一些针对商务性质而特有的设备设施。这样的设施一方面让可以让客人感受到便捷，另一方面也能让客人感受到酒店的细心和周到。

第三点，**书房或小型会议室**。在条件允许的情况下，酒店在安排商务性客人入住时可以尽量安排自带书房或小型会议室的客房给这类客人。休息区与办公区明显划分开来，可以使客人的休息和办公质量更高。

第四点，**客房的整理要求**。商务型客人以公务为主，通常会携带一些具有商业机密性质的文件或材料。因此，在客服人员打扫卫生时首先要避免直接或间接查看文件，对于客房中的一些垃圾文件需要在得到客人确认的情况下进行清扫打理，以免弄丢客人的重要文件。

第五点，**客房服务的高效性**。商务型客人通常时间观念比较强，认为效率第一。因此，酒店需要设置便捷高效的客房服务系统，客人提出服务要求之后，酒店人员应当及时帮助解决。

除了上述所列的客房设置之外，酒店还应该根据商务型客人的实际需求进行具体的客房安排和设计。

6.1.2 情侣客房的设计

近年来我国的酒店行业发展很快，尤其是情侣主题类的酒店，占据着酒店行业的重大份额。因此，针对情侣类型客户的酒店客房设计必不可少。

情侣类型的客房风格主要以浪漫、温馨和私密为特色，设计上更多追求浪漫的情调与温馨的氛围，再结合个性化的设备设施，为情侣们营造出一个新鲜、有趣又甜蜜的客房环境。

那么怎样才能够打造出成功的酒店情侣客房设计呢？可以从以下几个方面入手。

◆　确定适合的情侣文化

情侣文化是情侣客房的关键，市面上情侣类型的客房有很多，如何在众多的情侣客房中凸显自己的特色，这就需要保持情侣文化的差异性。

差异性的情侣文化包括制作特色情侣产品，提供特色情侣服务以及特色化的情侣装修风格等。除此之外，情侣文化的设计还应该与当地的环境相协调，例如历史环境、文化环境、城市环境以及自然环境等，酒店可以结合情侣的主题，打造独特的情侣文化。

◆　重视客房的"情侣"功能性追求

情侣客房在满足情侣入住酒店的基础需求之外，还应该满足情侣入住"情侣客房"的感觉需求。感觉需求是情侣入住酒店的最终目的，也是最高层次的需求，但是这种虚无的感觉需求往往也是最难满足的。这就要求设计者在打造客房时，不仅要创造出一个情侣的概念，还要使情侣客房名副其实，能够让情侣通过客房的设计布置直接形成"情侣"的相关联想。

◆　细节上也要注意诠释情侣的元素

在客房的内饰上也要注意诠释情侣的元素，主要体现在细节上，例如窗帘、灯具、茶杯、毛巾以及床单等。这些细小的内饰不仅能在主题上与情侣客房的装修相呼应，还能为房间的使用增加趣味性。

◆　重视情侣文化的延伸发展

客房除了单一的"情侣"主题之外，还应重视情侣文化的延伸发展，主要是将情侣市场进行细化区分。根据情侣类型的不同，设计出不同的情侣主题房间，例如电影房、海洋水族馆、科幻空间以及二次元异想等。这些不同类型的客房设计，能够大大减弱单一客源市场面狭窄的缺点，也能增加酒店的产品特色，提高酒店的宣传点。

下面来看一个具体的情侣酒店客房实例。

××酒店

××酒店是一个情侣概念酒店。该酒店的客房设计不仅仅简单追求刺激，而是满足"轻松、浪漫、释放、激情"这4个缺一不可的平行需求，让情侣能在其中回归本我，33个房间的分类以挖掘人性为出发点，深入剖析了人性的特点，然后利用外界面、内界面、尺寸大小、平面排布及声光效果5个变量的控制，实现空间环境对客人性格的激发与引导，使其放大与释放自己的个性。

（1）发掘不同角度的自己

自恋是每一个人的本性，但在日常中人们常常被各种顾忌束缚。为了引导客人发现自己不同角度的美，在该类客房中，镜子不再只是被单纯地作为梳妆更衣的使用工具，而成为了客房的重要组成部分。

图6-1

从入口走道的顶面，到贯穿整个空间进深的墙面，镜面直接以完整面的形式出现，如图6-1所示。不同维度上的镜面叠加，从不同角度展示客人的同时，也在客人的感官上放大了空间。红色的色调配合暗黑的环境，给情侣带来视觉享受的同时，也使客房更新奇有趣。

（2）反差的冲突与和谐

反差的冲突与和谐指的是酒店一改传统酒店客房的结构，将居于附属地位的卫生间以及走道作为重点来进行打造，再对客房的平面布置进行重组。

为客房设置两个独立的入口，以蓝色和红色相对应区分，代表了男女双方。独特的设计将原本亲密无间的两人分离。各自独立的走道空间，对应单独的淋浴、梳妆以及更衣等行为，男女双方在情侣关系中仍然保留了自己的隐私，也为情侣的见面增添了仪式感。另外，还可应用颜色，白色玫红的细腻对比灰黑深蓝的粗糙，反映出了男女的刚柔反差，保留了男女双方的冲突，却又意外和谐。

（3）追求最大化的自由

追求自由指的是对客房空间的一种透明性研究，旨在保证情侣基本活动私密的情况下，满足其内心渴望自由的想法，即让情侣能够最大限度地接触自然环境，感受自然风光。该类客房的设计在建筑群的边侧，以利于最大限度地增加客房和外部优美景观环境的接触面，如图 6-2 所示。

图 6-2

除了入口开门侧和洗漱区域之外，房间大面积使用落地玻璃连接外部，成为内外连接的视觉重点，能让情侣仿佛置身于自然环境中，充分感受自然风光。其次，沙发、床、吊椅、淋浴间等对应情侣主要活动的空间组成部分沿着两个主界面依次布置，并通过统一的设计语言保持其延续性，使得情侣们似乎无时不处于曝光的威胁中。但实际上，落地窗的主界面所采用的单向镜面膜及纱帘的双保险充分保障了安全性。

（4）化繁为简的留白

化繁为简的留白主要是摒弃空间中的冗余，大面积留白，以此来引导入住的情侣关注自我的本体。因此，在客房设计中尽可能塑造出纯净超现实场景来唤醒使用者深藏心底的幻想，如图6-3所示。

图6-3

客房的主空间由白色的顶面和地面，以及几近白色的墙面喷绘营造出无色的极致氛围。作为主空间仅有的两件家具，床被设计为内嵌式而与地面齐平，床背和矮桌则都采用透明的亚克力材料，以消解家具的体量和减少家具对主空间纯洁性的破坏。内嵌式床体所对应的席地而睡的形式，让情侣能够更完整的以低视角感受周边环境。

简单到近乎贫乏的空间，让情侣最大程度上的感受自我，审视内心，也给了情侣幻想的余地和空间。

（5）甜蜜式的浪漫

浪漫几乎是所有情侣入住情侣客房的普遍追求，客房的设计主要以温馨的环境来增添情侣相处时的趣味性，使人心情愉快的同时增进情侣之间的感情。客房图片，如图 6-4 所示。

图 6-4

客房的核心为床幔纱帐包围的床，被纱帐包围后的床不再是以单件家具的形式出现，而是成了一个富有朦胧感的半密闭空间，纱帐外顶面的光纤灯缓慢地明暗呼吸以及闪烁的烛光共同形成的光影，从而营造出了一个浪漫的环境空间。

综上所述，可以看出情侣客房的设计没有固定的模式和要求，需要在满足情侣需求的基础上，尽可能地挖掘出情侣的内心感受和想法，打造极富特色的情侣客房。

6.1.3　儿童客房的设计

随着家庭游客的增加，越来越多的酒店经营者明白了一个道理，很多时候满足了一个孩子，就是满足了一个家庭，甚至与之相关的多个家庭都能成为酒店的忠实客人。由此可以看出，孩子在酒店运营中的重要性。

虽然目前市面上大多数的酒店都为带孩子的家庭提供了加床服务、儿童特价房以及儿童餐等，但为儿童专门设计的儿童客房却少之又少。儿童客房不仅能够为儿童的入住增添乐趣，还能让儿童体会被充分重视和尊重的感觉。

儿童客房的设计与布置相比普通客房而言需要考虑更多，也更全面，包括安全性、趣味性以及装饰性等，主要从 3 个方面入手。

◆ 儿童客房的空间布局

儿童客房包括独立的儿童客房，以及设置在父母旁边的亲子床。虽然儿童客房的形式因为孩子的大小有所差别，但是对儿童客房空间布局的要求却是相同的，主要有 3 个方面的要求，如表 6-1 所示。

表 6-1 儿童客房空间布局要求

要求	内容
客房的位置	不管是单独的儿童客房还是亲子床，儿童客房的设置都应该在父母房的旁边，甚至可以跟父母的房间连通，这样可以方便父母照顾孩子，也能增进父母与孩子之间的感情
注意房间的光照和通风情况	儿童客房需要注意采光，孩子需要经常有阳光、光照充足的房间。另外，还要注意通风，例如有的儿童床设计为上下床，那么下床的通风情况必然会较差
预留"儿童角"	在家庭客房中为儿童预留一块儿童角，布置出一个可以容纳孩子玩耍的环境，以便让孩子随时融入家庭生活

◆ 儿童客房的家具选择

儿童客房的家具是儿童客房设计装修、打造童趣的重点，但需要注意的是，在家具的选择上不仅要考虑实用性，还要考虑家具的趣味性和安全性。

趣味性。儿童客房的家具应该注重造型和颜色，奇特的造型和鲜艳的色彩不仅可以使儿童在使用时保持快乐的心情，还能激发家长的童心，增添童趣。

安全性。选购家具时要注意产品安全，首先要选择绿色环保的材质，其次家具的边缘要圆润，无尖利棱角，避免孩子在追逐玩耍的过程中受伤。最后，还可以借助一些辅助性的儿童安全产品，例如防撞角、安全门挡等。

忌讳高大尺寸。儿童客房的家具也忌讳过于高大的尺寸，一方面过于高大的家具缺乏童真童趣；另一方面过于高大的家具如果在使用中出现问题，容易给孩子带来危险。

◆ 儿童客房的装饰

儿童客房是孩子的卧室、起居室和游戏空间，所以在儿童客房的装饰上应增添孩子观察、思考和游戏的成分，尽量选择一些富有创意和教育意义的产品。同时需要注意，儿童客房与其他客房不同，对颜色、灯光等细节有诸多要求，具体内容如表 6-2 所示。

表 6-2　儿童客房装饰要求

要求	内容
色彩	色彩艳丽、造型独特是儿童客房专有的装饰风格，通过将这些明快鲜艳的色彩搭配在一起仿佛进入到了童话世界，再搭配上低调的墙壁和地板，颜色就可以整体凸显出来了
墙贴壁纸	墙贴壁纸是装饰墙壁的最佳工具，通过以具体的形象来为孩子营造出富有童趣的空间，例如城堡、森林、海洋等，给孩子创造了更为广阔的想象空间
装饰画	用一些充满童趣的艺术画装饰儿童客房的墙壁，简约却不简单，既能够保持整体上的简洁风格，也能营造出活跃的气氛
帐篷	每个孩子都需要休息和玩乐的空间，帐篷可以很好地满足该特点，既不占用太大空间，又能满足孩子的玩乐想法，还能起到装饰儿童客房的作用，是一个较好的室内装饰物

续上表

要求	内容
玩具抱枕	儿童客房内还需要摆放一些玩具抱枕，既可以为孩子增添欢乐，还能起到装饰作用
小房子	可以在客房内以孩子的尺寸搭建一个小屋，会让他们感到舒适和安全，他们会感到这是一片属于自己的小世界，也能够增添童趣

下面来查看某个酒店的儿童客房实例。

杭州水博园·道谷酒店

杭州水博园·道谷酒店位于钱塘江畔，被茂盛的绿色植物覆盖，湖水环绕。外围一圈大型波纹花形的圆灯，正对着水利博物馆，环境绝佳。酒店地理位置优越，毗邻杭州西湖、湘湖等景区。

酒店针对带孩子的客人设计了6个类型主题的亲子房，不管是男孩，还是女孩，总有一间房能够满足客户需求。

（1）Hello Kitty 儿童房

Hello Kitty 儿童房，主要是针对小女孩而设计的，粉粉嫩嫩的 Hello Kitty 是小女生情节的释放，能够满足女孩满满的少女心，如图 6-5 所示。

图 6-5

房间内充满 Hello Kitty 的玩偶、Hello Kitty 的抱枕、Hello Kitty 的地毯甚至是 Hello Kitty 的水杯等物品。房间内还放置了帐篷，结合粉色的灯光，营造出了一个粉色浪漫的 Hello Kitty 世界。

（2）公主房

许多小女孩都有一个公主梦，而公主房正是为了满足这些小女孩的梦想而设计的，如图 6-6 所示。

图6-6

房间内放置了小木马、星星枕头、白雪公主玩偶等，再配以粉红色的灯光，营造出公主甜蜜的休息空间，非常适合小女孩入住。

（3）恐龙房

恐龙房是为了有探索精神、勇于探索的小朋友而设计的。有别于少女心满满的 Hello Kitty 房和公主房，恐龙房主要以代表森林的绿色为主。温暖的暖色调灯光下，配合绿色的抱枕、绿色的玩具、绿色的气球和毯子，甚至是台灯，使房间整体上清新自然、富有生气。

另外，房间内摆放了许多形态各异的恐龙玩偶，以便供小朋友们玩耍，如图 6-7 所示。

图 6-7

（4）航海房

在大海中乘着轮船航海是许多小朋友的梦想，航海不仅是对未知世界的探索与发现，也是自我的发现，敢于追求，勇于冒险。航海房正是抱着实现孩子航海梦的想法而设计打造的，如图 6-8 所示。

图 6-8

航海房中的设备设施均采用了航海元素。首先是帆船造型的床，小朋友能在帆船床中幻想自己的航海梦，然后在房间内添加了许多的海洋元素，例如鱼形的玩偶、蓝色的抱枕，墙壁上张贴航海装饰物以及地上放置游艇形状的软垫等。整个房间以温暖的暖色调为主，配以代表海洋的蓝色点缀，增加了客房的航海趣味。

（5）汽车房

汽车是很多小朋友最喜欢的玩具之一，不管是动画，还是游戏，都推出了各种各样的汽车系列，小朋友对汽车的喜爱甚至到了狂热的程度。汽车房正是针对喜爱汽车的小朋友而设计的，如图 6-9 所示。

图 6-9

汽车房内运用了大量的汽车元素。首先是一张汽车造型的床，这样一来，小朋友休息睡觉时就像是在汽车里一样。其次，房间里的装饰以汽车为主，包括被子和枕头都是汽车图案。另外，房间内还提供了大量的汽车玩具供孩子玩耍。

（6）小猪佩奇房

小猪佩奇是目前大热的动漫形象，拥有大量的粉丝。小猪佩奇房能将小朋友带入到一个奇幻的佩奇世界中，让小朋友感受一种全新的体验，如图 6-10 所示。

图 6-10

房间内摆放了大量的佩奇周边，包括佩奇的玩偶以及佩奇家人的玩偶。床头柜上摆放了梦幻的独角兽，床上还为小朋友摆放了彩灯，另外房间内还设置了供小朋友玩耍休息的帐篷。

根据实例可以看出，儿童客房的设计主体是儿童，因此在设计时要更多的站在儿童的角度，将他们感兴趣的和喜欢的元素充分地融入客房设计中，这样的儿童客房才能得到孩子们的喜欢。

6.2
客房的预订管理服务

客房预订管理是酒店开拓市场，提高客房出租率的重要保障。另外通过客房预订可以协调客服工作，做好接待准备工作，从而提高服务质量和工作效率。这样不仅可以体现出酒店的专业度，也能够提高客人的满意度。

6.2.1　前台接收预订后的处理

前台是酒店接收客房预订的第一承接人，也是订单成交与否的关键，这就要求前台在接收预订时要牢记自己的任务，如图 6-11 所示。

1. 接受预订。前台根据酒店的入住情况，在确认有空房且房间符合客人要求的情况下，填写订单，并且注明客人的个人信息、抵离店日期、房间类型、价格、结算方式以及餐食标准等内容

2. 确认预订。接到客人的预订要求之后，需要将客人的预订情况与酒店的客房利用情况进行对照，决定是否接受客人的预订，如果可以接受，就要对客人的预订进行确认

3. 拒绝预订。如果经过核实，酒店的客房情况不能满足客人的预订，就应该对客人的预订表示拒绝，另外可以尽可能地为客人提供一些供客人选择的方案或建议

4. 核对预订。为了确保酒店客房的入住，避免客房闲置，前台需要在客人到来之前对客人的预订情况进行核对，包括入住时间、人数、房间数等

5. 取消预订。客人还可能在预订之后出现取消预订的情况。面对客人的取消预订行为，前台要注意首先不能表现出任何的不满，其次要表示出理解，最后使客人明白今后随时都可以光临本酒店。这不仅是前台个人基本素质的体现，也是酒店形象的实际展现

6. 预订变更。预订则意味着不确定性质，客人在实际到店之前都可能存在临时的变更情况。客人预订发生变更之后，前台要及时更新调整信息

7. 超额预订及其处理。超额预订是酒店在一定时期内，有意识地使其所接受的客房预订数超过其客房接待能力的一种预订现象，其目的是充分利用酒店客房，提高开房率。超额预订是酒店行业中比较常见的现象，也是酒店降低客房闲置率的一种方法，但在实际的超额预订处理中酒店要结合实际情况注意控制超额预订的量，避免超额过大酒店无法承担而给酒店带来不必要的问题

图 6-11

以上是客房预订中前台必须要掌握的基本技能，前台不仅代表了酒店的形象，也体现了酒店的专业度。

6.2.2 客房预订的方式介绍

由于科技的进步发展，酒店的预订方式也表现出多样化，不同的预订方式存在着不同的优势，酒店在应对这些不同的预订方式时要尽量展现出自己的专业和特色。

◆ 电话预订

电话预订是一种比较传统，也比较普遍的预订方式，其特点主要是简单、快捷、易于沟通。酒店方在应对这类型的预订时要注意不能够让客人久等，尽快给客人回应，忙碌时可以留下联系电话，然后尽快回复。下面介绍一个电话预订的案例。

酒店：您好，某酒店预订部，有什么可以帮助您的吗？

客人：你好，我想预订一间客房。

酒店：好的，您需要什么类型的客房呢？我们酒店有标间、大床房、商务房以及豪华套房。

客人：商务房就可以了。

酒店：好的。请问您需要几个房间呢？

客人：一个就可以了。

酒店：好的，先生。请问您是几号入住呢？需要住几天呢？

客人：7月1日过来，需要住两天。

酒店：好的，7月1日入住，住两天。您对房间有什么特别的要求吗？

客人：没有什么特别的要求，安静一点就可以。

酒店：好的，请稍等，我查询一下是否有符合您要求的房间。

········

酒店：抱歉，您久等了。这边查到有符合您要求的商务房，房价是 480 元／天，包含早餐，您看可以吗？

客人：可以。

酒店：嗯，好的。请问您的姓名是？这边做一下登记。

客人：张军亮。弓长张，军队的军，天亮的亮。

酒店：好的，张先生。您的联系电话是现在通话的这个号码吗？

客人：是的。

酒店：张先生，您大概什么时候到达酒店呢？

客人：大概下午 3 点左右。

酒店：好的，张先生。那这边会帮您将房间保留到您抵达当天的晚上 6 点。我再跟您确认一下您的预订信息：张先生您预订的是一个商务房，住店时间是 7 月 1 日到 7 月 3 日，房费是 480 元／天，包含早餐，您的电话是 133×××××××，对吗？

客人：是的。

酒店：好的，张先生，房间已经为您预订好了，还有什么可以帮您的吗？

客人：没有了，谢谢。

酒店：不客气，张先生，我们期待您的光临，如果您有什么变动的话，请及时通知我们。

客人：好的，再见。

酒店：再见。

根据上述电话预订情景的内容，我们可以看出酒店接受电话预订的程序，如图6-12所示。

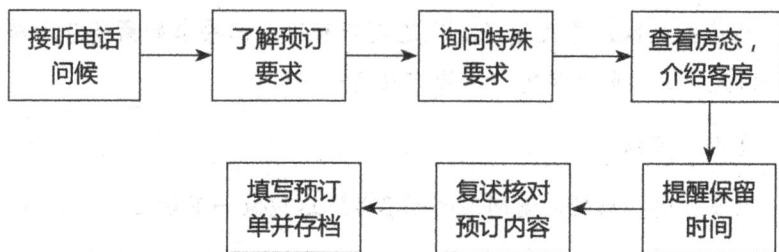

```
┌──────────┐   ┌──────────┐   ┌──────────┐   ┌──────────┐
│ 接听电话  │→ │ 了解预订  │→ │ 询问特殊  │→ │ 查看房态，│
│ 问候      │   │ 要求      │   │ 要求      │   │ 介绍客房  │
└──────────┘   └──────────┘   └──────────┘   └──────────┘
                                                    │
                                                    ↓
┌──────────┐   ┌──────────┐   ┌──────────┐
│ 填写预订  │← │ 复述核对  │← │ 提醒保留  │
│ 单并存档  │   │ 预订内容  │   │ 时间      │
└──────────┘   └──────────┘   └──────────┘
```

图 6-12

◆ 面谈预订

面谈预订是所有预订方式中最为直接、有效的预订方式，因为能够和客人直接面对面地交谈，了解客人的身体语言和神态变化，从而做出适时的推销。

但是工作人员在跟客人做面谈预订时要尽量避免面谈预订中的雷区，以免客人产生误会。首先在预订时要尽量避免承诺具体的房间号，因为酒店的客房状态随时可能发生变化，不能确定。其次，酒店客房紧张时，要注意提醒客人，预订客房所保留的时间。

◆ 互联网预订

上一章我们已经了解到酒店有许多的互联网营销途径，例如官网、第三方网站、微信以及微博等。随着科技时代的快速发展，互联网更加便捷、高效。因此，互联网预订也成为时下最为热门的预订方式。

◆ 传真预订

传真是许多中小型企业比较常用的一种预订方式，其优点在于操作方便，信息传递便捷。另外，传真直接将预订情况以纸质的形式发送保存，在很大程度上避免了预订纠纷。

某旅行社订房通知单

TO：某酒店 / 经理 / 电话：××××–×××××× 　　　　传真：××××–××××××

FROM：某旅行社 / 张某 / 电话：××××–×××××× 传真：××××–××××××

客人入住时间以及房型：

时间：2019 年 7 月 3 日至 2019 年 7 月 5 日（共 3 晚）

房型：豪华海景三房二厅 1 套（要求高层）

酒店价格：1 600 元 / 晚；代收 2 000 元 / 晚

备注：客人到酒店前台报"某旅行社预订"入住，收到后请确认回传，谢谢！

某旅行社

张某

2019 年 6 月 15 日

根据上述预订传真实例可以看出，传真分为标题、双方联系方式以及单位名称、入住信息、备注说明、落款 5 个部分，最后还要在落款处加盖预订单位的章印。酒店在收到预订传真之后，要及时在预订单上盖章确认并回传，完成预订。

以上为比较常见的，也是运用比较广泛的酒店预订方式，不管客人以何种方式预订，酒店都要在完成客人预订的同时，尽可能地表现出自己的专业性，给客人留下好印象。

6.2.3 客房预订的种类划分

酒店在做预订订单管理时还要根据预订种类的不同进行区别管理，例如客房保留的时间是否延长。酒店的客房预订种类通常分为两类，如图 6-13 所示。

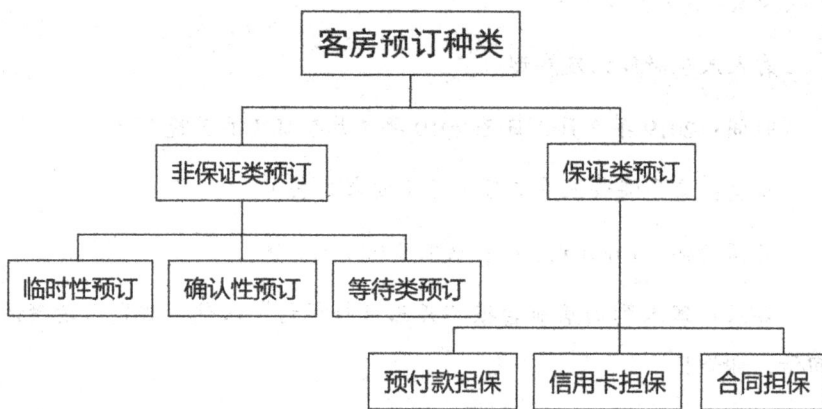

图 6-13

非保证类和保证类是根据是否预交收费，或者是否签合同来划分的。保证性预订即酒店一定会为客人保留预订的房间，不管酒店的入住率情况。如果客人到店，酒店没有为其保留房间将会承担经济赔偿，当然如果预订的客人没有到，酒店也会收取一定的费用作为经济补偿。非保证类预订则不同，非保证类预订客人没到，一般不会收费。非保证类预订和保证类预订根据具体的预订情况还可以进行划分，下面来具体介绍。

非保证类预订分为 3 种。

临时性预订。通常为客人在抵店日期很近，甚至是当天联系的预订。一般为口头确认，没有书面确认，或没有经过客人明确确认。这类的预订通常保留至当天的 18:00 点。

确认性预订。客人通常提前很长时间提出预订要求，酒店以书面的形式予以确认，也会跟客人确认客房保留的时间。时间过后，客人如果未抵店，也没有任何的说明消息，则取消保留。

等候类预订。通常等候类预订发生在酒店入住的高峰期，客房已经订满的情况下，将客人列入等候名单。如果有其他客人退房、取消或提前离店，那酒店则会优先安排这类等候类预订的客人。

保证类预订也分为 3 种。

预付款担保。客人提前支付客房一晚的房费，作为预订款。

信用卡担保。客人以自己的信用卡作为担保，如果客人到期没有入住，也没取消预订，那么酒店可以通过发卡银行收取房费。

合同担保。酒店与经常入住的单位或企业签订合同以担保预订。在合同中会标明双方违约后的后果，酒店如果未能提供约定的客房时，通常会赔付客户在其他酒店入住的房费、交通费以及其他费用等。

其中需要尤其注意的是，随着信用支付的升级，一些平台与酒店合作推出了信用卡担保预订。以支付宝为例，支付宝推出了"信用住"功能。当用户的芝麻分达到 550 分及以上时就有机会享受酒店的信用住功能。

信用住功能是保证类预订的一种，它以信用作为担保，代替传统的酒店预付款预订，享受传统酒店预订款预订同样的待遇。同时，还为客人提供免查房、免排队的服务，客人到店之后直接报名，核实身份即可完成入住，离店直接退还房卡即可，离店之后房费会通过支付宝进行自动扣除。

"信用住"，客人不用交押金，但享受同等保证服务，也不耽误时间，方便又快捷。登录支付宝，进入酒店预订，在酒店列表中看到"信用住"标志的酒店，即可利用信用完成预订。利用支付宝的信用预订酒店界面，如图 6-14 所示。

图 6-14

信用支付为人们带来了便捷，提高了人们的消费体验，现在不断发展成为一种趋势。

6.3 客房的控制与预测

客房的控制与预测是酒店最基本的管理工作之一，通过准确的客房预测，可以使酒店的管理人员及时掌握酒店未来一段时间的客房预订情况以及酒店的经营状况，再结合具体的经营情况安排合理的工作。

因此，酒店客房预测的准确性也越来越受到酒店经营者的重视。

6.3.1 订房的预测与分析

通过对过去客房销售数据和现在的数据资料进行分析，找到其中的规律，从而预测未来一段时间内的客房销售情况，这就是酒店客房的预测。为了提高预测的准确性，常常需要提前很长时间进行，一般需要提前 30 ～ 60 天，有些酒店为了能够得到准确的预测数据，可能需要提前 3 ～ 5 个月，甚至可能会结合去年的数据进行分析。

酒店客房的预测需要从多个方面进行多维度的综合分析，这样得到的数据才准确。

◆ 第一步，利用历史客房数据进行分析

酒店运营者应该利用酒店过去的客房数据情况进行分析，从而计算出未来一段时间的客房数据。其中就涉及几个关键数据，客房出租率、出租房数、酒店客房收入、平均房价以及平均每间房收益。计算公式如下所示。

客房出租率＝出租客房总数 ÷ 客房总数 ×100%

平均房价＝客房总收入 ÷ 出租客房总数

平均每间房收益＝客房总收入 ÷ 酒店总房数

＝出租率 × 平均房价

◆ 第二步，关注预测时间段的天气情况

天气是影响客人出行的重要因素，如果天气良好，可以预留出部分房间以售给临时性的散客。如果天气不好，就需要提前多吸收以前的团队，为客房做铺垫。

◆ 第三步，了解竞争对手

知己知彼，才能百战不殆。了解本市同类酒店或不同地段的酒店预订情况，可以适当估计出自己酒店客房的出租前景，还可以制订出相应的销售计划。

除此之外，还可以关注媒体报道进行预测，通常在旅游高峰期，许多的媒体会对相关出行进行报道。总之，酒店应该尽量通过准确的预测，以制订相关的客房销售方案。

6.3.2 订房更改与取消

为了准确控制客房状态，有效提高客房预订的成功率，从而提高酒店客房出租率并保证酒店经营利润最大化，酒店需要制订出订房更改与取消的对策。

订房更改与取消指客人在预订成功之后，因为行程变化或不可抗力原因不能够或未能按照确认时间使用客房，从而更改预订时间或取消预订的情况。

面对客人的订房更改或取消，酒店应该快速做出对应的处理，具体做法如图 6-15 所示。

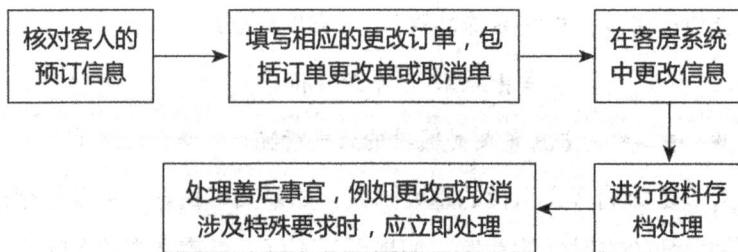

图 6-15

当然，酒店对于订房的更改和取消应该制订出相应的规定，以避免恶意控房行为。

预订的变更信息通常为房间数量和时间。如果客人临时性的更改信息，包括增加房间数和延长时间，而酒店客满，应及时向客人说明，告知客人预订暂时放至候补名单或无法接受订单，酒店不承担由于变更带来的相应责任。如果客人临时更改信息，包括减少房间数。减少的房间数通常允许不超过预订房数的 15% 或当日预订总房数的 10%，否则将承担超过部分的预订房费用。

预订的取消制度是根据时间的先后来进行规定的，通常客人于确认入住日平季提前 3 天，旺季提前 7 天以上取消预订，不承担房费，但已交付定金的，不返还定金；客人于确认入住日前平季 3 天，旺季 7 天内取消的，承担 50% 的房费；客人于确认入住日当天取消预订的，承担 100% 的房费。

订房更改与取消制度是保证酒店正常营运，防止客房闲置的重要保障手段，每个酒店都应该提前制订相应制度。

6.3.3　客满情况的处理

在旅游旺季，酒店常常会出现客房爆满的情况，此时面对继续增加的客房预订，酒店如果不能很好地处理，那么将给客人留下较差的印象，影响以后的客房销售。因此，面对客满情况，酒店千万不能大意。

客满情况的预订分为两种情况，一种是酒店还没接受预订的情况下，客人进行预订；另一种是酒店在已经接受了预订的情况下，出现客满情况，无法为客人提供客房。两种不同的情况对应不同的处理方式。

◆ 酒店未接受预订

酒店未接受预订情况下的预订，此时要做好说明工作，真诚道歉，并竭尽所能地为客人提供帮助，期待客人的下次入住，具体做法如图6-16所示。

1. 感谢客人的光临，向客人解释酒店当前已全部预订的情况，望客人理解体谅

2. 礼貌性地询问客人，是否能更改行程。如果能更改，在核实房间状态满足的情况下，对客人进行预订处理

3. 如果客人行程不能更改，告知客人已经将其预订放在等房状态表了，如果有客人退房离店，将第一时间联系

4. 同时也建议客人可以试着联系其他酒店，并表达愿意帮助客人在其他酒店进行预订

5. 感谢客人的预订，并为给客人带来的不便表示抱歉，期待客人的下次光临

图 6-16

◆ 酒店已接受预订

酒店在已接受预订的情况下，通常不会发生客房没有的情况。但是一旦发生，酒店需要马上做出应急处理。首先，向客人道歉，说明情况，希望获得客人的理解；其次，在酒店的周边为客人预订同样房型的客房，客人同意的情况下派车送客人去周边酒店入住；再次，向客人提出赔偿，例如送积分、餐券、下次入住房型升级以及打折优惠券等；最后如果客人还是不满意，可以考虑免去当晚房费作为补偿。

　　酒店客满的情况通常只在旅游旺季时才会出现，酒店不能因为一时的客满而忽略客人的感受，给客人留下不好印象。酒店只有时时做好客人的安抚工作，才能够长久性地经营酒店，为酒店带来越来越多的客人。

宴会活动策划：超出客户期望的服务标准

如今越来越多的人愿意将宴会活动的举办地点迁至酒店，因为酒店不仅能够提供美味的餐食、宽敞的宴会厅，还能够提供专业和贴心的服务，为其省去了许多不必要的麻烦。而对酒店来说，宴会活动的举办在带来了高额利润的同时，也为酒店的宣传营销做出了巨大贡献，所以尤为重要。

宴会活动的实施步骤

　　一场成功的宴会活动需要经过一系列烦琐且必要的过程，才能保证宴会活动顺利进行。当然，其中酒店方承担着重大责任，所以酒店需要认真、切实完成好每一个步骤。

7.1.1　与客人洽谈，了解其真实想法

　　与客人洽谈是宴会活动预订的第一步，也是非常重要的一个环节。预订工作的好与坏，将直接影响宴会的设计策划和整个宴会活动的组织与实施。因此，酒店方在与客人洽谈时要占据主动，注意引导客人说出自己内心的真实想法，这样策划出来的活动才能打动客人。

　　酒店方需要站在客人的角度思考，客人选择酒店举办宴会考虑的关键点是什么？通常有以下几点。

　　酒店的价格。价格通常是许多客人考虑是否选择该酒店的关键因素之一，但并不意味着客人会选择低价、实惠的酒店，而是要选择在自己能承受价格的范围内性价比最高的酒店。因此，酒店方在与客人进行沟通交流时，要考虑性价比。

　　宴会厅的大小。宴会厅可容纳人数是客人选择酒店的一个重要因素，除此之外，通常还要计算放入舞台、红毯、餐桌后的宴会厅面积，是否拥挤，是否能够承受宴会人数。

场地布置的风格。确定了宴会厅之后，还要根据宴会的主题对场地进行适当的布置装饰，包括宴会厅的餐桌与台型设计、宴会厅绿化和鲜花等装饰设计、舞台和工艺品装饰以及灯光要求等。为了布置出客人满意的宴会厅，酒店方需要仔细了解客人的个人风格和喜好，还可以提前做出布置方案跟客人进行确认。

宴会的食品菜单设计。设计宴会的菜单是每一个宴会活动的重点，在设计制作菜单时要提前了解客人的风俗习惯，包括忌口或特殊要求等。如果客人是外籍，还应该了解国籍、习惯，以及相对的禁忌。

酒店的设备设施。酒店的设备设施包括话筒、音响设备、投影仪以及娱乐设施等。如果酒店的设备设施完善，能够在很大程度上提高酒店的实力，这也是客人选择酒店的重要考察点。

虽然我们了解了客人关注的重点内容，但是通常在与客人洽谈的过程中，客人不会直接说明，需要酒店工作人员在交谈中适时进行引导。具体而言，就是让客人充分信任你，只有客人相信你的专业，才能够让客人说出自己内心真实的想法。

信任是酒店成功营销每一场宴会活动的基础，如果客人对酒店不够信任，就会大幅延长宴会活动营销的进度，甚至可能最终遭到客人的拒绝。一般而言，取得客人的信任需要经过 3 个逐渐递进的过程，如图 7-1 所示。

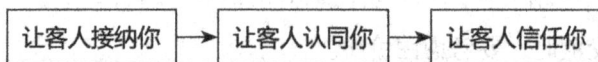

让客人接纳你 ➜ 让客人认同你 ➜ 让客人信任你

图 7-1

◆ 第一步，让客人接纳你

信任的基础是接纳，如果客人不接纳你，怎么会对你敞开心扉、完全信任呢？因此，酒店工作人员想要得到客人的信任，首先就要被客人所接纳。这里的接纳实际上是工作人员给客人的第一印象，第一印象的好坏直接影响客人对酒店的认知。因此，工作人员此时不仅仅代表自己与客人交流，更代表了酒店。那么如何才能给客人留下一个好的印象呢？

①人的第一印象通常是由衣着体现出来的，例如发型、服装、鞋子以及笑容等，看上去要整齐、清洁、自然。所以工作人员与客人交流时，要着酒店工作服，男职员佩戴领带，女职员化淡妆，以稳重大方为主，不要奇装异服或者过度暴露，衣服的颜色也不要过于鲜艳。

②工作人员待人接物要有礼貌，在交谈过程中尽量保持微笑，让人感到亲近，拉近与客人之间的距离，但是不过于谄媚。

③交谈过程中积极聆听，多引导客人谈自己的事，了解客人的想法，不要过度表现自己，或是发表过多的看法，甚至不给客人说话的机会。

④适时地对客人表达出真诚的赞美，肯定客人的优点，例如客人的眼光。但逢迎拍马式的赞美，只会引起客人的反感。

◆　第二步，让客人认同你

客人开始接纳你，但却不一定会认同你。想要得到客人的认同，工作人员需要想办法让客人相信自己的专业。

①以专业的角度回答客人的各种问题，并给客人提出专业性的建议，向客人充分展示自己的专业性，包括灯光、舞台、会场布置、效果等问题。

②向客人展示并讲解过去的成功案例。即便向客人说了许多的宴会相关事宜，但客人还是会心存疑虑，此时如果能够直接向客人展示过去成功的宴会活动案例，将会大幅度提高客人对其专业性的认可。

③站在客人的立场思考问题，设身处地地为客人着想，想办法完成他们的要求。这样能快速拉近与客人之间的距离，得到客人的认同。

◆ 第三步，让客人信任你

"信任"是客户关系的最后一步，达到这一步骤，客人通常已经完成酒店宴会活动的预订了。如果能给客人留下深刻印象，说不定还会为酒店介绍更多的潜在客户，具体做法如图7-2所示。

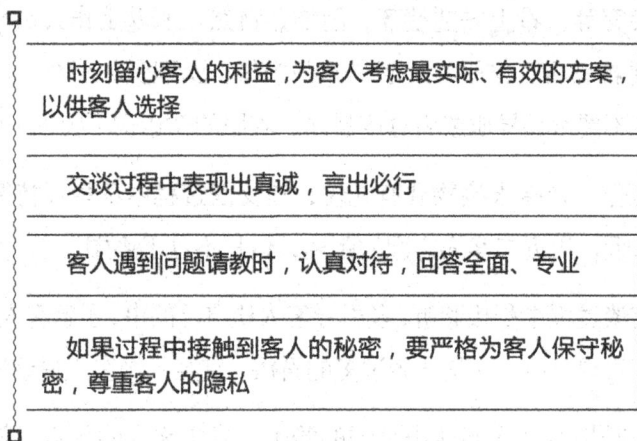

时刻留心客人的利益，为客人考虑最实际、有效的方案，以供客人选择
交谈过程中表现出真诚，言出必行
客人遇到问题请教时，认真对待，回答全面、专业
如果过程中接触到客人的秘密，要严格为客人保守秘密，尊重客人的隐私

图 7-2

7.1.2 结合宴会主题，设计创意菜单

宴会菜单不仅直接影响宴会的效果，也是酒店推销宴会的有力手段。因此酒店需要根据宴会主题，设计出创意十足的菜单，以吸引客人。

首先设计宴会菜单需要遵循一定的原则。

◆ 以客人的需求为导向，了解客人对宴会菜单的期望、饮食习惯和禁忌，同时还要紧跟时代潮流。

◆ 宴会菜单是为宴会主题服务的，因此，宴会菜单的设计要紧紧围绕宴会主题。

- ◆ 价格决定菜品内容，也是宴会菜单设计的根本性原则。
- ◆ 宴会菜单的设计要遵循丰俭适度原则，即设计时要根据具体出席宴会的对象确定菜品数量。
- ◆ 宴会菜单的设计还要遵循膳食平衡原则，不要强调大鱼大肉，要注意营养、荤素搭配。
- ◆ 设计时要结合酒店的特色，突出菜单的风格和菜品的多样化。

通常主题宴会菜单的设计包括 3 个部分，即菜名设计、菜点设计以及装帧设计。

（1）菜名设计

一个好的菜名，可以让看起来简单的菜单成为一种情感交流的工具，甚至可以成为一种文化、艺术的载体。在设计时，需要结合宴会的性质、主题，采用寓意性的命名方式，使宴会的主题更加鲜明，更富有深意。某酒店根据婚宴制订的菜单，如图 7-3 所示。

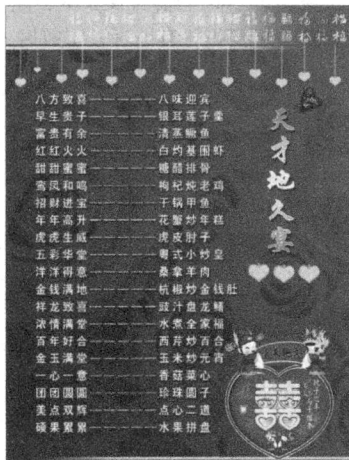

图 7-3

从图 7-3 中可以看出婚宴菜单中的命名规律，具体如下。

①以吉祥语命名婚宴菜单是比较常用的，也是比较受客人欢迎的一种命名方式。例如菜单中的银耳莲子羹，命名为早生贵子，使得原本简单的菜品被寄托了对新人的美好祝福。

②新人成婚，成双成对，在传统的婚礼习俗中注重双数，因此在婚宴菜单设计中，菜品的数量也应为双数，寓意婚姻生活和和美美。

③多用红色为菜单主色调，因为在传统风俗中，以"红色"为吉祥色，代表吉利和喜庆。

（2）菜点设计

菜点设计是菜单设计的核心内容，也是菜单质量的体现。宴会菜点设计的要点如表7-1所示。

表7-1　宴会菜品设计要点

要点	内容
了解客人，懂得投其所好	客人是菜品好坏的最终评判人，所以想要菜品得到客人的喜欢，首先要懂得投其所好，了解客人的饮食习惯
分清主次，突出主题	菜品设计与写作构图一样，需要主次分明。突出主题，才能将客人的注意力吸引到某一点上，从而给客人留下深刻的印象
巧妙搭配，敢于变化	设计菜品时，厨师要懂得巧妙搭配，敢于变化。拒绝一成不变，也拒绝在正式宴会中运用过多家常小菜
菜品的搭配合理、细致	菜品设计时要注意凉菜、热菜、水果以及点心的合理搭配，还要注意上菜顺序
造型别致，外形独到	菜品要配合别致的外形，以增加客人的食欲。凉菜要充分展现厨师的刀工，热菜要结合器皿表现食物的特性，水果要突出细致的摆盘，点心则要展现酒店特色
调味上合理搭配	菜品除了要具备良好的外形之外，味道也是关键，所以设计时要注意结合菜品的原料、调料以及烹调方式，合理搭配出美味的菜品

（3）装帧设计

菜单的装帧设计主要包括制作菜单的材料、外形、大小、色彩以及款式等，具体要求如下所示。

- ◆ 字体格式和字体大小以目标客人方便阅读为主要根据，例如外籍客人较多时，菜单字体格式分为中英文对应式；宴会中的小朋友较多时，以可爱、活泼的卡通字体为主。
- ◆ 如果是一次性的即席菜单可以选用纸质材料；如果是长久使用的宴会销售菜单建议选择手感舒适、经久耐用的材料，例如 PVC 胶片、本色木片、本色竹片以及写真背胶等。
- ◆ 菜单的基本内容包括菜品名称、菜品图片。展示图片时，因为页面大小和排版的原因，通常不能展示出所有菜品的图片，因此，在选择菜单中展示的图片时，要选择具有特色性的、代表性的菜品。
- ◆ 菜单中各类菜品要按照一定顺序进行排序。如果是西餐，则按照开胃菜、汤、色拉、主菜、甜点、饮品的顺序排列；如果是中餐，则按照凉菜、热菜、汤、主食、小吃点心、水果饮料的顺序进行排列。

7.1.3　根据宴会主题，设计宴会活动内容

宴会是根据社交需要而举行的餐饮聚会，是饮食、社交以及娱乐相结合的一种宴饮形式。因此，在宴会活动中除了要注意餐饮之外，还要注意具有社交、娱乐意义的活动内容的策划。

设计宴会活动内容时要紧密结合宴会主题，因为宴会的目的不同，所设计的活动内容也有所不同，例如采访、演讲、演出、颁奖以及抽奖等。下面介绍常见的宴会活动内容。

◆ 结婚典礼类宴会的活动内容设计

结婚典礼类宴会是一对新人最重要、也是最幸福的时刻，宴会活动的内容也应当以新人为主进行设计，才能体现宴会的主题。结婚典礼类宴会的活动通常包含两个部分：一是新人的结婚仪式活动；二是暖场助兴活动。

虽然结婚仪式活动内容大同小异，但它具备强烈的仪式感，是宴会活动的重点，因此酒店方在设计制作活动流程时不能马虎大意，务必要使仪式顺利进行，仪式的内容如表 7-2 所示。

表 7-2　婚礼仪式活动内容

步骤	内容
新郎入场	背景音乐起，新郎慢慢走向舞台
新娘入场	新娘和父亲缓慢入场，走向舞台
新人交接	新郎带着捧花，从父亲手中迎接新娘走向舞台中心
宣读誓言	新郎、新娘互诉誓言，进行爱情宣言
交换戒指	伴娘、伴郎为新人送上戒指，新人互相佩戴戒指
证婚致辞	证婚人上台证婚并为新人送上结婚祝福
父母致辞	双方父母上台为新人送上祝福
新人敬茶	新人向双方父母敬茶，并改口
全场致敬	新人举杯向台下的来宾表示感谢，并一起举杯庆祝
丢捧花	司仪邀请未婚男女上台，新娘抛捧花
退场	新郎、新娘携手退场

婚礼宴会的助兴活动种类有很多，主要是为提高大家的积极性，渲染现场的喜庆气氛。常见的活动如下所示。

歌唱类。 歌唱类是婚礼宴会中比较常见，也是比较能带动气氛的活动。唱歌的人可以是新人，也可以是宾客，还可以是双方父母以及司仪等。歌曲的类型通常以祝福、欢快的情歌为主。

红包类。红包是宴会中炒热气氛的最佳工具，可以吸引宾客的注意力，所以安排扔红包活动来带动宴会现场的气氛。

游戏类。通常在宴会中会设计一些情侣之间的小游戏，安排现场的一些情侣和新人一起做游戏，旨在增进新人的感情，营造甜蜜的宴会气氛。

◆　颁奖类宴会的活动内容设计

颁奖宴会是企业给在一段时间内表彰优秀员工的一种奖励方式，能够激励获奖员工更加努力工作的一种荣耀形式，是很多企业每年都会举办的活动之一。颁奖宴会的活动主题在于颁奖，因此活动内容策划通常包括两个部分：一是激励、肯定员工的颁奖活动；二是促进员工之间交流沟通的社交活动。

颁奖活动的设计要正式、慎重，给人以仪式感，才能真正意义上起到激励的作用。具体内容如下。

①司仪向大家介绍颁奖人。

②颁奖人上台，向大家介绍领奖人的相关信息，投影仪播放领奖人视频资料，包括个人工作经历、感悟、经验以及成果等，最后请领奖人上台领奖。

③背景音乐响起，领奖人上台领奖。

④领奖人发表获奖感言，下台。

颁奖类宴会的另一目的在于通过活动促进员工之间的交流，促进同事间的互敬互助，常见的活动类型如下所示。

歌舞类。通常企业员工会以部门为单位提前准备歌舞节目，为颁奖活动助兴，一方面可以丰富活动内容，另一方面也可以给员工们积极表现的空间。

抽奖类。抽奖主要是利用大众的侥幸心理，设置中奖机会，通过抽奖的形式，让全员参与进来，以增加活动的趣味性，将宴会的气氛带到高潮。

游戏类。游戏是一个能快速让员工之间熟络的项目，不仅能让员工们感受到快乐，还能促进员工之间的沟通、帮助与协作。

◆ 宝宝百日类宴会的活动内容设计

如今，酒店常常会接收到一些宝宝类宴会，例如生日宴、百日宴以及满月宴等。这些宴会的主体是宝宝，所以在设计宴会活动内容时要以宝宝为主，结合传统风俗礼仪设置相关的活动内容。如下所示为某酒店设计的宝宝百日宴活动策划。

宝宝百日宴宴会活动内容安排

1.18:00 开始宾客入场。

2.18:50 宝宝百日宴开始热场，宴会厅播放宝宝照片和视频。

3.19:00 宴会正式开始。

4. 司仪上台介绍宴会主题、父母以及家人。

5. 司仪介绍宝宝。

6. 父母上台向宾客表示感谢，并表达对宝宝的祝福。

7. 进行开荤仪式。

开荤是一项传统的风俗，并作为宝宝百日时举行的一种仪式，寓意宝宝在今后的日子里吃穿不愁。（开荤并不是真正意义上的吃荤菜，

而是形式上的沾一些荤腥）

8. 进行抓周仪式。

抓周是我国的一项传统风俗，是一种预测宝宝前途和性情的仪式，每件物品都代表了不同的寓意。

9. 点燃生日蜡烛，大家一起唱生日歌表示祝福。

10. 宾客入席准备晚宴。

7.1.4　保证服务质量，确保宴会的顺利进行

服务质量是宴会顺利进行的有效保证，也是酒店提升自身水平，提高宴会产品附加值的重要形式，且好的服务质量可以形成酒店的宴会品牌，促进酒店的宴会营销。

"服务"看起来是一件简单的小事，但如果想要保证高质量的服务，就不是一件轻松容易的事了。宴会的服务工作繁杂且重要，涉及宴会过程中的每一个步骤，包括宴前准备、宴中服务以及宴后服务。

首先是宴前准备服务，主要是针对宴会开始之前所做的一些准备工作，具体内容如表 7-3 所示。

表 7-3　宴前准备服务

服务	内容
掌握宴会的基本情况	1. 宴会的时间和地点。 2. 宴会的人数和桌数及宾主身份、姓名等。 3. 宴会厅布置要求。 4. 宴会标准及付款方式。 5. 菜点、酒水情况。 6. 服务人员的分工。 7. 客人的特殊要求和禁忌。 8. 宴会举办者的其他要求等

服务	内容
掌握宴会菜单情况	1. 菜点名称和出菜顺序。 2. 菜点的原料构成和制作方法。 3. 菜点所跟调配料及服务方法。 4. 菜点的口味。
宴前的仔细检查	1. 桌面餐用具的检查。 2. 卫生检查。 3. 设备检查。 4. 安全检查

　　然后是宴中服务，宴中服务是酒店工作人员与客人直接接触服务的过程，也是表现工作人员服务质量的关键，具体内容如表7-4所示。

表7-4　宴中服务

服务	内容
迎领服务	1. 热情迎宾。 2. 为客人接挂衣帽。 3. 引领客人至休息区休息。 4. 为客人拉椅让座
餐前服务	1. 铺餐巾。 2. 撤筷套。 3. 撤插花、桌号牌
斟酒服务	1. 大中型宴会应在宴前10分钟左右斟好预备酒，一般是将葡萄酒杯和白酒杯斟至八分满；小型宴会可在宴会开始后斟倒。 2. 斟酒时先斟葡萄酒或黄酒，再斟烈性酒，最后斟倒啤酒及软饮料。 3. 斟酒顺序为从主宾开始按顺时针方向进行。 4. 斟酒时应从客人右侧进行，站立姿势和持瓶方法与中餐散客服务相同。 5. 斟酒时应使用托盘，将宴会所用酒水整齐地摆放在托盘中，商标朝向外侧，先请客人选择酒水品种，再将托盘移至椅背外，持握客人所选定酒水进行倒倒。一般的做法是葡萄酒、黄酒及白酒可持瓶斟满，啤酒及软饮料需托盘斟酒

续上表

服务	内容
斟酒服务	6. 如客人不喝某种酒水，则应及时撤走相应的酒杯。 7. 如客人需用冰块，则应将冰块及冰块夹及时提供给客人。 8. 主人至各桌敬酒时，主桌值台员应托送酒水跟从，以便及时斟酒
上菜服务	1. 严格按照上菜顺序上菜。 2. 严格按照上菜要求进行上菜
分菜服务	在一些餐宴中可能会涉及分菜服务，主要是将菜肴均等派分给客人
席间服务	1. 对席间不需要的餐碟进行撤换。 2. 对即将就餐的客人提供毛巾，以供擦手。 3. 为席间的客人提供酒水服务。 4. 对席间过于杂乱，影响客人就餐的桌面进行整理

最后是宴后服务，宴后服务主要是一些善后的服务工作，具体内容如下。

◆ 结账服务：为客人汇总账单，并引领客人完成账单结算。
◆ 送客服务：拉椅送客和取递衣帽。如果面对醉酒的客人还需根据客人的要求，视具体情况为客人提供打车服务或者是预订客房服务。

根据以上的内容，可以看出宴会的服务内容繁多且杂乱，所以如果要提高服务质量则需分别从每一个具体的步骤上去控制，难度太大，且不现实。酒店经营者要想提高酒店宴会服务的质量，需要从服务人员的主观意识上进行管理，让其自身领悟到服务的重要性，才能从心里重视服务。具体可以从以下几点入手。

①加强对员工的培训，提高员工的综合素质，特别是酒店服务。每个员工都应该遵守礼仪规定，这样才能充分服务于客户。

②多向同行学习，不要小看竞争对手，或许他们的服务更好。要懂得学习别人的长处，才能不断发展自己。

③制订优秀员工称号，并给予奖金鼓励，并且一定要公平、公正、公开。这样服务人员才更有信心，做事才更有动力。

除此之外，还可以借助评价系统，让客人为服务人员的服务水平打分，对评分较高或表现突出的服务人员进行奖励，对评分较低或出现严重错误的服务人员进行批评。

7.2 宴会活动策划方案实例分析

前面我们了解了酒店策划宴会活动的相关事项，下面我们以具体的宴会实例进行介绍分析，掌握酒店宴会活动策划的关键。

7.2.1 鹏程万里——企业 10 周年庆典宴会

某企业 10 周年庆典宴会策划方案

（一）宴会概况

宴会主题：某企业 10 周年庆典

时间：2019 年 8 月 28 日（18:30 ～ 20:30）

地点：某酒店宴会厅

宴会客人：企业全体员工以及与企业合作的主要商业伙伴

（二）宴会流程安排

1.18:00，宾客陆续入场，服务人员引导到场宾客去休息区休息。

2.18:30 ～ 18:40，宴会正式开始，司仪致开场白、欢迎词与祝福语。

3.18:40 ～ 19:00，企业主要领导以及重要商业伙伴讲话。

4.19:00，开始就餐，餐饮期间安排乐师进行钢琴、小提琴等演奏。

5.20:00 ～ 20:30，歌舞节目表演。

6.20:30，客人退场并领取纪念品。

（三）会场布置

1.宴席选用可坐 14 人的大号圆餐桌，但只安排 10 人椅，方便客人观看节目时视线不受阻碍。

2.宴会厅的整体色调以红色为主，窗帘为紫红色，舞台铺红色地毯，整个宴会厅充满喜庆的气氛。

3.台布、椅套、装饰鲜花以白色为主，再用红色做点缀。

4.摆台的餐具以银色为主色调，再以金黄色作为点缀。

5.宴会厅摆放花架和盆景，墙上挂上艺术制品，两者相互映照统一，表现出宴会厅的雅致。

6.宴会厅的灯光与现场整体气氛相协调，主要采用琥珀色与白色的镁光灯，以加强视觉效果。

7.服务人员身着中式服装，表现出服务人员的端庄。

（四）菜单设计

1.锦绣前程——锦绣卤牛全拼

2.满堂彩——白灼基围虾

3.吉星高照——三杯鸭

4. 财源滚滚——蒜香排骨

5. 年年有余——多宝鱼

6. 团团圆圆——蒜蓉扇贝

7. 鸿运当头——红烧乳鸽

8. 金银财宝——粿肉黄金卷

9. 满身福禄——金菇竹笙扒时蔬

10. 发财好事——发菜蚝豉汤

（奉送：金银馒头、幸福炒饭、五彩缤纷水果拼盘）

该案例是一份比较完善的商务类型的宴会活动，因此在策划宴会活动时需要将宴会的商务性融入各个环节中。

首先是宴会的流程安排。 为了保证宴会活动的顺利进行，在策划时要将每一项流程的时间具体控制，细化到具体的分钟数，以便控制宴会的进度。另外，企业周年庆宴会的主要人员发言是宴会的重点，因此在安排时要放在首要位置。

其次是会场的布置。 宴会是商务类型的企业 10 周年庆典，因此，在布置会场时要以热情、端庄、典雅为主，总体上要求协调、大方、清新、舒适，并要求从视觉上给人以"美"的享受。所以在布置的过程中要以红色为主色调，可以衬托气氛，使现场更喜庆。但如果大面积全部使用红色，反而会失了美感，因此在餐具、装饰品以及台布等方面要配以其他颜色，使其在视觉上更和谐。

最后是菜单设计。 商务宴会主要讲究档次和彩头，因此在食物原材料上要在价格承受范围内尽量选择档次较高的菜品。命名时要选用带有祝福意味的词语，例如鸿运当头、锦绣前程等。

7.2.2　永结同心——酒店婚宴策划书

"永结同心"主题婚宴策划

（一）宴会基本信息

1. 新郎：壬先生　　　新娘：王小姐

2. 婚礼时间：2019 年 8 月 30 日

3. 婚礼地点：某酒店宴会厅

4. 婚礼主题：婚礼以"永结同心"作为婚礼主题，寓意新人永远心意相通，心心相印，心有灵犀。

（二）婚礼流程策划

10:00 ~ 10:30，新郎新娘、伴郎伴娘到达酒店，检查现场，准备迎接宾客。签到处服务人员就位，引导服务人员门口就位。除新郎新娘、伴郎伴娘之外，酒店安排迎宾服务人员两名。检查更衣室、化妆室、香槟塔、蛋糕塔、路引、拱门、红地毯以及座次表等。

10:30 ~ 12:00，宾客陆续入场。服务人员先引导宾客到签到处签到，收礼金；再引导宾客进入会场入座休息。

12:00，婚宴开始。新郎新娘退场，主持人、兄弟姐妹团入席，伴娘陪新娘换礼服。

12:05 ~ 12:10，司仪开场串词，并讲述新人的爱情故事，渲染现场气氛，引出婚礼主题。

12:10 ~ 12:15，新郎在背景音乐下出场，司仪向客人介绍新郎。新郎再在司仪的提示下，走道舞台通道的 1/3 处等待新娘。

12:15 ~ 12:20，新娘在父亲的带领下进入会场，新郎从父亲手中接过新娘。背景音乐更换为《结婚进行曲》，新人一起走向舞台中心。

12:20 ~ 12:25，主婚人上台致辞，送上祝福，并见证婚礼。

12:25 ~ 12:50，司仪邀请双方父母上台致辞，并向新人送上祝福。

12:50 ~ 12:55，新人宣誓并交换戒指。

12:55 ~ 13:00，新人向双方父母敬茶，改口。

13:00 ~ 13:10，新人携手来到蛋糕台前，寓意打开幸福之门和百年好合的结婚蛋糕。新郎新娘致辞，感谢父母、亲朋。

13:10 ~ 13:15，司仪邀请未婚男女上台，新娘抛丢花球。

仪式结束，新人在祝福掌声中退场。

13:20，开始就餐，餐饮期间婚庆企业和亲朋好友上台表演节目。

（三）会场布置

1.会场的布置以白色基准色调，象征爱情的纯洁与简单。再搭配绿色，使整体上显得更加清新自然。

2.地面装饰：舞台通道上铺白色地毯，两侧以新娘喜欢的花卉作为装饰，引路。

3.背景板、舞台：以白色纱帐做裙幔，以百合花作为装饰。会场布置的效果图，如图7-4所示。

图7-4

4.签到台：签到台的布置要与宴会厅保持相同的色调，才能相互呼应。签到台选用白色的桌子，再搭配鲜花和藤蔓，整体上简单、大方，充满生机，其效果如图7-5所示。

图 7-5

5.展示墙：在迎宾区还要设置展示墙，用以展示新人不同时期的照片以及婚纱照。展示墙以白色为主，辅以绿色作为装饰，将照片放置在中间位置，其效果如图7-6所示。

图 7-6

6.宴会厅舞台的灯光设置追光灯、地灯，以突出舞台的效果，婚宴区域以琥珀色为主，以衬托现场温馨的气氛。

7.宴会厅的台型布局：宴会聚餐人数约150人左右，舞台左右两边各安置一桌婚宴主桌，之后再依次安置餐桌；舞台旁设置表演人员的休息区供表演人员休息；宴会厅餐桌的四周安置工作服务台，并配置服务人员，方便为宾客进行席间服务；整个宴会厅四周摆放绿色植物，增加宴会厅的气氛。布局设计如图7-7所示。

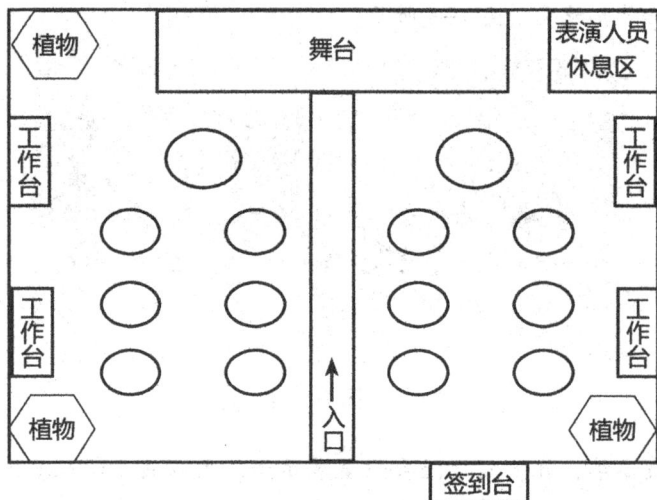

图 7-7

8.摆放餐具：餐具以简单白色为主。白色碗碟，搭配金色的汤匙、勺子以及筷子等，桌面摆放鲜花，适当搭配绿色作为点缀。

（四）菜单设计

1.五福临门——鸿运乳猪拼

2.喜鹊筑新巢——雀巢辽参王

3.金屋藏娇——贝心春卷

4.天长地久——龙虾汤海鲜

5.白头偕老——黑椒牛仔骨

6.凤凰展翅——脆皮风沙鹅

7.如鱼得水——豉汁蒸鱼

8.情深双高飞——水煮三鲜

9. 琴瑟和鸣——琵琶大虾

10. 比翼双飞——酥炸鹌鹑

11. 合家欢——水果拼盘

12. 甜蜜蜜——银耳炖红枣

根据案例内容可以看到，相较于商务宴会，婚宴策划显然更复杂，需要涉及的内容也更为广泛，具体表现在以下几点。

①婚宴的活动安排更细致、更具体。婚宴中婚礼的仪式是宴会的主要项目，也是全场宾客关注的重点，也是新人的幸福时刻。因此在设计活动项目时既要考虑时间安排，也要注重婚宴的仪式，还要调节婚宴的气氛。

②婚宴中的会场布置能够表现出婚宴的整体效果，在设计时要结合新人的个人喜好，还要从整体上考量设计的效果。除了传统的红色之外，可以试着运用更多的色彩。例如案例中，以白色为主色调，配以绿色，使得整个会场清新自然，简单大方。

③除了宴会厅的布置之外，其他地方的布置装饰也要和宴会厅的色调保持一致，这才可以使整体更统一和谐，也更具美感。例如案例中的展示墙布置和签到台布置。

④鲜花是婚礼布置中永远有效的布置要素，既能增添喜庆，也不失高雅，还能使宴会厅更清香。在具体的使用过程中不必拘泥于玫瑰，只要能与宴会厅的主色调相配合即可，例如案例中的百合花。

⑤在菜单设计上，需要烘托婚宴的甜蜜气氛，主要以对新人美好祝福的吉祥语为主，例如案例中的比翼双飞、琴瑟和鸣、甜蜜蜜、天长地久以及白头偕老等。

7.2.3 福如东海，寿比南山——酒店寿宴活动策划

"福如东海，寿比南山"寿宴活动策划

（一）宴会基本信息

1. 时间：2019 年 9 月 3 日。

2. 地点：某酒店小型宴会厅。

3. 聚餐人数：50 人左右。

4. 准备娱乐、茶室。

（二）宴会活动流程安排

11:00 ~ 11:30，宾客陆续到场入座。

11:30 ~ 12:00，老先生 70 岁寿宴正式开始，主人上台感谢各位亲朋好友的到来，并对老人的个人经历进行简单介绍。老人的孙子、孙女为老人唱歌、献花，并送上祝福。

12:00 ~ 12:05，老人致辞，感谢宾客。结束后服务人员推出蛋糕，播放生日快乐歌，请寿星与家人上台，点燃生日蜡烛，所有来宾一起唱生日歌。歌曲结束，寿星切蛋糕。

12:05，宴会正式开始，席间表演节目。席间服务人员为寿星送上长寿面，寓意长命百岁，身体健康。

（三）会场布置

1. 会场背景：背景颜色要鲜艳喜庆，主题颜色以红色为主，显得热闹非凡，红红火火。在中心贴上"寿"字，更能凸显寿宴氛围。加上"福如东海，寿比南山"的祝福语，锦上添花。

2. 桌椅布置：酒席桌面一般分为主桌和宾客桌。主桌用传统的龙凤刺绣图案桌布，配以白色桌椅；宾客桌用红色桌椅，并以黄色协调

搭配。既将主桌和客桌进行区分，又使整体上和谐统一。现场气氛红火、喜庆。

3. 餐具布置：碗筷餐具选择寿宴专用餐具，碗筷上印有龙凤寿桃等图案。

4. 鲜花衬托：餐桌中心摆放鲜花，增加气氛的同时，使会场显得更加生机勃勃。

5. 舞台的搭建：为了活跃气氛，所以寿宴也会安排一些节目助兴。舞台为红色，因为整体背景是红色的，并搭配一些吉祥的图案，如祥云等，其效果如图 7-8 所示。

图 7-8

（四）菜单设计

1. 四海同庆——海鲜拼盘

2. 吉祥如意——酥炸丸子

3. 金鸡贺寿——脆皮烧鸡

4. 洪福齐天——麻婆豆腐

5. 寿比南山——蟠桃寿包

6. 福如东海——清蒸东星斑

7. 福禄双全——粉蒸土豆排骨

8. 万寿延年——金蟹菜卷

9. 儿孙满堂——素鲍鱼扒梅花掌

10. 彭祖献寿——茯苓鸡羹

11. 佛手摩顶——佛手香酥

12. 福星高照——锦绣什锦水果拼盘

寿宴和婚宴一样，都是非常喜庆热闹的，但婚宴布置选择更多，可以是小清新、浪漫、温馨等很多主题。但寿宴因为是为长辈举办的生日宴，庆祝老人健康长寿，含有尊重之情在里面，所以必须严谨端庄一些。因此，寿宴活动的策划与婚宴有所不同，具体内容如下。

①虽然很多宴会都会准备蛋糕，但通常在宴会中蛋糕只是作为增添气氛的物品，而在各类寿宴中蛋糕则是宴会活动的一个重要项目，因此在策划时要重点突出。

②寿宴通常是为长者准备的，而对于长者而言，最好的生日礼物无疑是儿孙满堂，因此在策划活动时要像案例中一样，设计长者与儿孙互动的环节，增加宴会的气氛。

③在我国民间传统中历来就有生日吃长寿面的习俗。脸即面，"脸长即面长"，于是人们用长长的面条来祝福长寿。长寿面是寿宴的主要项目，所以在席间要安排服务人员为寿星送上长寿面，并致上贺词。

④寿宴的主要特点在于喜庆、热闹，所以在寿宴的会场布置中多用红色为主色调进行装饰，为了提高美感，常常伴以黄色作为辅助，更能突出热闹的气氛。

⑤会场的布置中多用代表长寿的符号、图案和文字，例如案例中的祥云、寿桃以及"福如东海"等。

⑥设计菜名时要以预祝老人健康长寿的吉祥语作为主要命名方式，这样更能对应宴会主题，也能得到客人的喜欢。例如案例中的四海同庆、金鸡贺寿、洪福齐天以及寿比南山等。

⑦参加寿宴的宾客大多是老人的亲戚和好友，其中长者居多，所以在设计菜单时，要更多地以老人的角度进行考虑，注意营养，强调荤素搭配。再者，在口感方面，要尽量柔软易食。

会议活动策划：商务与酒店服务的结合

第8章

08

在经济增长的强劲势头下，传统的酒店经营模式渐渐不能满足企业的需求，会议型酒店应运而生，成为酒店行业中的新产品。它既有企业会议的商务性，也有酒店服务的传统性，能够让客人在会议工作之余，轻松享受酒店的住宿和美食。

8.1

8.1
会议型酒店的发展

　　会议型酒店是接待会议的主要场所，接待并策划会议活动也是会议型酒店的主营业务，可为酒店带来丰厚的利润空间。有的业内人士甚至认为接待会议活动的直接收入可以占酒店主营业务收入的一半份额以上，超越住宿和餐饮。但在实际的经营过程中我们会发现会议型酒店的发展并不像外界想象的那么简单，下面我们来具体看看。

8.1.1　当前会议型酒店的现状分析

　　会议酒店指以会议为主营业务的酒店，它具备食宿和会议功能，以会议、展览活动为主要客源，属于商务酒店性质。可以看出，会议酒店虽然是酒店，但是与传统酒店又存在着明显的区别，具体介绍如下。

　　酒店的产品不同。传统的酒店以客房为主要产品，兼顾餐饮销售，而会议酒店以会议为中心，配备相关配套设施、设备，兼顾住宿和餐饮。可以看出，会议酒店虽然仍然具备住宿和餐饮功能，但是其主体已经发生了改变。

　　客户类型不同。传统酒店的客户类型通常为游客、散客以及一些普通客人等，而会议酒店的客户对象通常是参加会议的商业人士。

　　服务内容不同。传统酒店的服务人员通常需要为客人提供餐饮和住宿方面的相关服务，而会议酒店需要针对不同的会议类型，配备服务接待人员。在传统的服务基础上，还要配备专门的会议服务人员。

客人的需求不同。传统酒店的客人到酒店通常以食宿和娱乐为主要需求，但会议酒店需要满足所有参会人员的参会需求、全员食宿需求、办公需求、娱乐需求，还要满足会议组织者对会议服务的专业需求。

综上所述，可以得出会议型酒店实际上是传统酒店的升级，这就对会议型酒店提出了更高的服务要求。但目前，国内会议型酒店的发展尚且存在一定的问题，阻碍了酒店的发展，具体问题如表8-1所示。

表8-1 会议型酒店面对的问题

问题	内容
自我定位模糊	目前国内的会议型酒店相较于传统酒店而言，还处于发展初期的摸索阶段，所以很多会议型酒店的自我定位比较模糊。一方面不想放弃传统酒店的客源市场，一方面又想再发展会议市场，两头兼顾营销宣传，结果却失去了自己的特色
专业化服务不足	会议型酒店的一项特色在于会议型服务，即为会议型客人提供会议硬件设备设施，提供专业的会议服务人员。但在实际的会议型酒店中存在许多硬件设施不齐全，服务人员缺少经验、缺乏专业性等问题
风险性高	会议型酒店以会展作为主要的客源，势必要放弃一些传统酒店的客源。虽然会展市场广泛，但会展客源一旦减少，就会造成酒店资源闲置，给酒店带来损失。其次，传统酒店客源减少，也使酒店减少了大量收益。因此，会议型酒店的经营成本较高，风险性较高

因此，想要在众多的酒店中脱颖而出，会议型酒店就要针对当前的困境做出具体的改善措施，如表8-2所示。

表 8-2　会议型酒店改进措施

措施	内容
准确的市场定位	准确清晰的市场定位是自我认识的第一步。会议型酒店通过准确的自我定位可以找准自己的目标市场，从而针对性的做出营销策划，而不是盲目地撒网
提高专业性	明确了自我定位之后，还需要提升自我的专业度，并将其发展成为酒店的一项特色，进行重点宣传和营销。提升专业性的方法有很多，例如买进专业性的设备设施；派遣员工到国外会议型酒店进行学习观摩；还可以在酒店内部组织专业性服务培训课程，提升服务人员的专业性
多平台合作增加客源	会议型酒店的经营性风险主要来自客源缺乏，许多会议型酒店尚未打开会议型客源的市场，或者仅凭借酒店自身的影响力宣传，营销效果并不明显。所以会议型酒店应该与多个平台进行合作，提高酒店的曝光度，为酒店打开更多的客源市场，从而降低酒店的经营风险。除了传统的酒店网站之外，还可以考虑大型物业管理企业等宣传平台

总的来看，会议型酒店结合了传统酒店的优势和服务，为会议型客户提供了一条龙式的全方位服务，为客户带来便捷和专业的体验，具备较大的发展前景。

8.1.2　会议酒店的客源结构分析

通过上一节内容我们知道，会议型酒店在经营过程中要对自己有准确清晰的定位，明确自己的目标客源市场，这样才能针对目标市场提出有效的营销策划方案。

会议酒店的客源市场主要分为两类，即会议类和展览类，下面分别进行介绍。

（1）会议市场的客源细分

根据会议的不同内容和性质，可以对会议进行细化分析，从而形成不同的细分市场体系。

①按照会议举办的单位进行划分，可将会议分为企业类会议、协会类会议和非营利性组织会议 3 类。

◆ 企业类会议是会议市场的主要部分。企业类会议规模大小不一，以传递企业内部信息为主。企业类会议包括企业销售会议、技术会议、管理大会、股东大会和培训会议等。

◆ 协会类会议在会议市场中占有重要份额，是会议市场中最主要的客源。协会大致可以划分为行业协会、专业和科学协会、教育协会以及技术协会等类型。因协会人数和性质差异，协会会议的规模、市场大小也互不相同。

◆ 非营利性组织会议主要是非营利组织召集举办的各种会议，包括政府机构会议、工会组织和政治团体会议等。

②按照会议的性质与内容不同，会议可以分为年会、专业会、研讨会、论坛会、专题讨论会、讲座等，如表 8-3 所示。

表 8-3　会议类型

分类	简介
年会	年会就是每年围绕企业和组织为总结一年的运营情况、鼓励团队士气、展望美好未来而策划实施的一种集会形式。年会是企业的春节，也标志着一个企业和组织一年工作的结束。企业年会通常包含企业员工表彰、企业历史回顾、企业未来展望等重要内容
专业会	专业会议是就具体议题展开讨论的会议，可以召开分组小会，也可以只开大会。就与会人数而言，专业会议的规模可大可小
研讨会	研讨会是专门针对某一行业领域或某一具体讨论主题在集中场地进行研究、讨论和交流的会议。它对于制订政策、发展战略和方法措施等都有巨大作用

续上表

分类	简介
论坛会	即就某一问题进行反复深入的讨论，一般由小组组长或演讲者来主持，并可由专门小组成员与听众就问题的各方面发表意见和看法。演讲者之间可能立场相反，演讲者对听众发表讲演，听众也可参与提问和讨论。主持人主持讨论会并总结双方观点
专题讨论会	与论坛会类似，但缺少论坛平等交换意见的气氛和特征，办会方式显得更加正式。参会的个人或小组对某一专题进行陈述、讲演或示范讲解，一些预订好的听众会参加讨论，但较少有观点和意见交流
讲座	讲座一般由某个院系或研究机构主办，邀请的嘉宾多为该领域的知名专家，而讲座的主题也会围绕领域内某一具体问题进行。这类讲座通常由专家进行个别讲演，讲座后也许有来自观众的提问

③按照会议活动特征可以将会议分为商务会议、度假会议、展销会议、文化交流会议、专业学术会议等，如表 8-4 所示。

表 8-4　会议分类

分类	内容
商务会议	商务会议是指带有商业性质的会议形式。一般包括：新产品宣传推广会、大型的培训沟通会议、上市企业年会、招股说明会、项目竞标会、跨国企业年会、集团企业年会、行业峰会、企业庆典、新闻发布会、巡回展示会、答谢宴会、商业论坛、项目说明会和项目发布会等
度假会议	利用周末假期，组织员工边度假休闲边参加会议，这样既能增加员工之间的了解以及组织凝聚力，又能解决组织所面临的问题。度假型会议一般选择在风景名胜地区的酒店举行。这类会议通常会安排足够的时间让员工观光、休闲和娱乐
展销会议	参加商品交易会、展销会、展览会的各类与会者入住酒店，会在酒店举办一些招待会、报告会、谈判会和签字仪式等活动，晚上有时还会有娱乐消费。另外，一些大型企业或公司可能单独在酒店举办展销会，整个展销活动全在酒店举行

续上表

分类	内容
文化交流会议	各种民间或政府组织组成的跨区域性的文化学习交流活动，常以考察、交流等形式出现
专业学术会议	这类会议是某一领域具有一定专业技术的专家学者参加的会议，如专题研究会、学术报告会、专家评审会等
政治性会议	国家和地方政府为某一政治议题召开的各种会议等，会议可根据其内容采用大会和分组讨论等形式
培训会议	用一个会期对某类专业人员进行的有关业务知识方面的技能训练或新观念、新知识方面的理论培训，培训会议形式可采用讲座、讨论、演示等形式

以上是比较常见的一些会议划分方式，当然还有一些另外的划分方式，例如可以按照会议目的进行划分，分为以联络协调为目的的会议、以听取情况或意见为目的的会议。以联络协调为目的的会议中典型的有协会的年会、企业内部的项目会议等；以听取情况或意见为目的的会议最典型的莫过于听证会、研讨会、企业职工代表大会等。

（2）展览市场的客源细分

同样的，展览市场也可以根据不同的划分标准，对展览市场进行细化分类。

①按照展览产品和参展企业的性质，可以细分为综合展和专业展。国际展览业协会将展览会分为综合性展览会、专业性展览会和消费性展览会3种类型。

综合性展览会。综合性展览会是指向专业观众开放，以展示和交易多种行业和产品为内容的展览，也被称作横向型展览会，比如工业展、轻工业展等。

专业性展览会。专业性展览会指展示某一行业甚至某一项产品的展览会，常常同时举办讨论会、报告会，用以介绍新产品、新技术等，是国内外展览市场中比重最大的细分市场。

消费性展览会。消费性展览会指以"消费"为主的展览会，会上主要向客户展示产品的功能、性能以及特点等，以吸引客户消费。

②按照参展商的地理来源，可以将展览市场细分为国际展、国家展、地区展和企业独展 4 种类型。

◆ 国际展又可以分为来华展和出国展。根据国际展览局公约规定，有两个以上国家的企业参加的展览会即为国际展。

◆ 国家展主要面向国内市场，参展商和观众主要或全部来自国内。

◆ 地区展主要面向地区市场进行展示，参展商和观众主要来自国内个别地区。

◆ 企业独展是指参展商为单个企业，主要展出单个企业的产品。

8.1.3 会议酒店的营销策划管理

为了有效拓展会议酒店的客源市场，酒店应该加强营销策划方面的管理，根据会议市场的细化特性，针对性地实施各种营销策略。

根据会议酒店的客源结构分析，我们可以了解到会议酒店的客人群体特征通常有以下几点。

① 30 岁以上的商务客人占 70% 左右，这类客人独立性强，不愿意受他人的支配，有很强的个性特征。其中男性偏向喜欢稳重、典雅的房间布置，乐于接受个性化和定制化的服务。而女性则更强调酒店的安全性和舒适性。

②客人普遍具有良好的教育背景，具备较高的文化素质和自身修

养，属于高消费群体，能够接受的价格范围更为广泛。一方面这类客人入住酒店为公事，费用由企业承担；另一方面，他们自己具备较强的经济实力，所以更倾向于高端消费。

③客人通常公务在身，行程安排密集，所以对酒店的服务要求更高，以便捷、高效为主要需求，包括高效的设备设施以及高效的服务性人员。有资料显示，60% 左右的客人在选择酒店时首先关注的是酒店的地理位置和商务设备设施。然后依次是酒店的服务质量、酒店的知名度、酒店的价格、酒店的特色以及酒店的娱乐性设施。所以价格已经不再是会议型客人选择酒店的首要因素了。

了解了客人的特点之后，酒店需要针对客人的特点对会议营销人员进行针对性的培训和管理，以提高会议酒店营销的成功率。常见的会议营销技巧如图 8-1 所示。

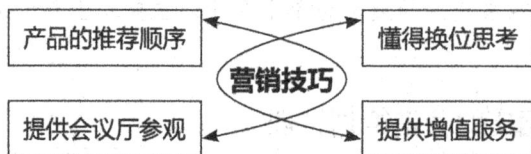

图 8-1

产品的推荐顺序。 根据会议酒店的客人特点分析，我们知道大部分客人在选择会议酒店时，相较于酒店的价格而言更看中酒店的设备设施情况。因此，营销人员在推荐时不必在价格上做过多的纠结，在介绍时按照产品种类和价位的"高—中—低"顺序来为客人进行介绍，并强调价格不同所配置的设备设施的具体区别和差异。通过对比区分可以帮助客人快速选择出适合自己的产品。

提供会议厅参观。 营销人员介绍得再多，也不如客人切身感受，因此营销人员可以带领客人到会议厅进行实地参观，包括会议厅的大小、会议厅的设备设施、会议厅装修风格以及会议服务等。

懂得换位思考。营销人员在推销产品时，要懂得进行换位思考，多从客人的角度来思考他的担心是什么，有哪些顾虑，然后再一一对其进行引导，解决其问题。每一个预订会议活动的客人，都希望会议能够顺利圆满地完成，这就要求必须控制并降低可能出现在会议过程中的任何风险，所以会对酒店的各项服务和内容进行严格的把关。此时营销人员就要从一个咨询师和专业人员的角度为客人进行详细的解答，以便将客人的负面关注转变为积极的期望。

提供增值服务。增值性的服务主要指客人预期以外的服务，这样的服务不仅可以给客人带来惊喜，也能够对客人的会议活动带来帮助，更能促使营销成功。

8.2
会议活动策划的具体内容

酒店在接受了会议活动之后，并不等于万事大吉，实际上这才是真正的开始。在每一场会议活动中，酒店都扮演着重要的角色，以确保会议活动顺利圆满地完成。那么酒店在面对会议活动时应该如何策划呢？下面我们一起来看看。

8.2.1 捕捉会议关键信息

策划会议活动的第一步是要通过与客人的交流，准确从中捕捉到会议的相关信息，才能策划出真正令客人满意的会议活动方案。但是客人在交流过程中流露出的信息量通常较大，如何才能从中筛选出真正有效的信息呢？首先酒店人员要明确什么是会议的关键信息，具体内容如下。

第一点，会议的主题。会议的主题指会议的中心，会议的所有安排都应该围绕会议的主题进行，所以酒店人员要对会议的主题内容有一个清晰的认识。

第二点，会议的时间。会议的时间是会议的重要信息，酒店人员需要根据时间安排会议厅，安排会议服务人员，以及餐饮工作人员。

第三点，具体参会的人数。参会的人数关系到会议厅的大小安排，餐饮的安排，以及住宿的安排。

第四点，会议的大致流程。会议的流程关系到宴饮部门的就餐准备，以及工作人员的服务准备等。

客户初次与酒店会议营销人员进行沟通时，都会以各种各样的理由和借口来进行推脱或拖延。原因在于对于营销人员，客户容易产生戒备的心理。因为客户初次与营销人员沟通，通常不知道酒店的具体情况，更不清楚酒店的会议服务和会议厅是否符合自己的要求，因此不会盲目预订。如果此时营销人员想要打破僵局，得到客户的有效信息，促成交易，就需要具备一定的沟通技巧。

◆ 明确客户的踌躇和顾虑

每位客户不愿意快速下单预订，心里必然存在各种各样的踌躇和顾虑，但是通常客户不会直截了当地将自己的顾虑向会议营销人员袒露。因此，营销人员需要自己去体会和了解客户的顾虑，然后再对客户的顾虑进行有效的开导和解释。

虽然客户的类型较多，但是开展会议无非存在以下几个方面的顾虑，如图 8-2 所示。

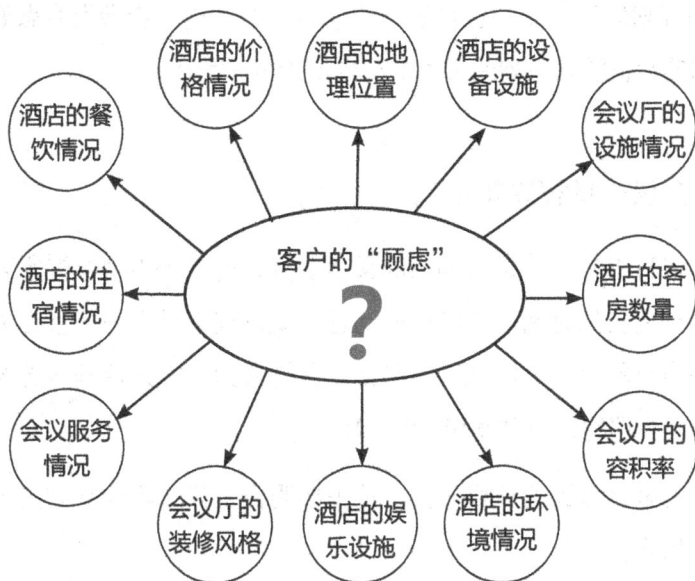

图 8-2

◆　主动解开客户的顾虑

在明确了客户的疑虑之后，会议营销人员要主动为客户解除疑虑，而不是等待客户一点点询问。在这个交流的时间内，会议营销人员应该采取主动，以引导的方式慢慢地打消客户心里的顾虑。只有这样，客户才能真正开诚布公地与会议营销人员进行沟通，从而说出会议的重要信息。

◆　客户想法反复，强化其真正的需求

有些客户较为优柔寡断，通过会议营销人员的介绍，他们一会儿觉得这个方案好，一会儿又觉得那个方案好。有时甚至出现货比三家的情况，一会儿觉得这家酒店好，一会儿又觉得那家酒店好。此时，会议营销人员就需要引导和提问，通过提问强化客户真正的内心需求，然后再对需求做出针对性的营销。

实际上，不难看出，与客户沟通交流，捕捉会议关键信息既是会议活动策划的第一步，也是最难的一步。如果这一步骤没有做好，那么后面的会议活动策划通常也很难真正让客户满意。

8.2.2 会议的日程安排策划

会议日程指在一定时间内的具体安排，通常大中型会议需要两三天，甚至更长的时间。所以提前制订会议日程安排有利于参会人员合理控制自己的时间，以便准时参会。另一方面，也方便酒店针对会议日程做出合理的人员调度和事务安排。

想要做好会议的日程安排，首先要明白会议日程的基础内容，如图 8-3 所示。

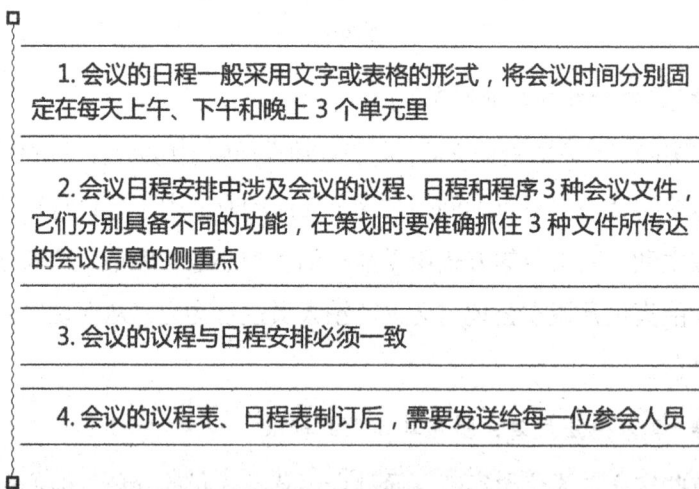

> 1. 会议的日程一般采用文字或表格的形式，将会议时间分别固定在每天上午、下午和晚上 3 个单元里
>
> 2. 会议日程安排中涉及会议的议程、日程和程序 3 种会议文件，它们分别具备不同的功能，在策划时要准确抓住 3 种文件所传达的会议信息的侧重点
>
> 3. 会议的议程与日程安排必须一致
>
> 4. 会议的议程表、日程表制订后，需要发送给每一位参会人员

图 8-3

所谓会议的日程安排，即酒店方需要根据会议的大致流程做出细致的日程安排，主要是时间方面的安排，其具体内容包括以下几个方面。

①第一天参会人员到达酒店的时间，具体的接待地点以及接待人员。

②会议正式开始的时间。

③会议的议程内容。

④午餐时间、午餐的方式以及午休的时间。

⑤会中休息的时间。

⑥会议闭幕的时间。

⑦闭幕晚宴的时间、地点以及晚宴的形式。

⑧晚宴结束的时间。

在策划时要注意根据会议的强度合理安排休息的时间，另外在会议的日程安排上也不要过于紧凑，以便参会人员能够以更好的状态投入到工作中。

8.2.3　会议厅的会场布置

会议厅的会场布置有一定的要求，需要考虑会议的性质和参会人员的数量，再根据不同的会议类型和客户的具体要求进行不同的会场布置。常见的会场类型有以下 6 种。

（1）剧院式会场布置

剧院式又称礼堂式，它要求椅子面对主席台，主桌或讲演者按行排列。这种排列方式适合不用记太多笔记的大会、讲座或论坛等活动，大小会议都可使用。

具体的布置方式为在会议厅内面向讲台摆放一排排桌椅，中间预留较宽的过道。特点在于，在留有过道的情况下，最大限度地摆放桌椅，尽可能多地利用空间，以便在有限的空间里，最大限度地容纳人员，效果如图 8-4 所示。

图 8-4

（2）多 U 形式会场布置

多 U 形式会场由多张长方形长桌组成，长桌的 3 方摆放座椅，主席台方向留空，形成小型 U 型。每桌可坐 5 ~ 12 人，参会人员组成一桌，这样有利于同桌人互动交流和沟通，如图 8-5 所示。

图 8-5

（3）课桌式会场布置

课桌式会场布置即将桌椅按排端正摆放或成"V"型摆放，按教室式布置会议室，每个座位的空间根据桌子的大小而有所不同。这种会场布置形式的特点是，可针对会议室面积和观众人数在安排布置上有一定的灵活性。参会者还可以有放置资料及记笔记的桌子，还可以最大限度容纳与会人员。课桌式的摆台适用于论坛、新闻发布会、研讨会、培训等需要听众做记录的会议，如图 8-6 所示。

图 8-6

（4）长方形式会场布置

将会议室里的桌子摆成一个长方形但是中间留空白，前后不留缺口。椅子摆在桌子外围，中间有时候会放置较矮的绿色植物，投影仪会有一个专用的小桌子放置在最前端。

前方设置主持人的位置，可分别在各个位置上摆放麦克风，以方便不同位置的参会者发言。但是此种会议场地布置方式容纳人数较少，对会议室空间也会有一定的要求，所以比较适合一些人数较少的学术性讨论会议，如图 8-7 所示。

图 8-7

（5）U 形式会场布置

U 形是指会议桌摆设成一面开口的 U 字形状，椅子放置在 U 字形办公桌周围；如需投影，投影机可以放在 U 形的开口处。相对于同一面积的会议室，这种形式的会场布置所能容纳的人数最少。这一种以自由交流为主的会场布置形式，一般适合小型的、讨论型的会议，如图 8-8 所示。

图 8-8

（6）鸡尾酒式会场布置

鸡尾酒式以酒会式摆桌，只摆放供应酒水、饮料及餐点的桌子，不摆设椅子，这是以自由交流为主的一种会场布置形式。自由的活动空间可以让参会者自由交流，构筑轻松自由氛围的会议摆台。通常适用于年会、交流会、慈善活动等，如图8-9所示。

图8-9

除了摆放桌椅之外，还需要根据会议的要求准备会议用的工具和设备，例如常用纸、茶水、话筒、投影仪、投影屏、音响设备以及鲜花等。有的会议还需要在地面铺设地毯，一方面使会场更美观，另一方面也可以降低走动时的噪声。

会议会场的布置对于成功举办一场会议起到重要作用，因此，在会议前期需要对会议会场的布置情况进行检查。检查桌椅摆放是否符合标准，纸、笔、水摆放是否符合标准，会议桌椅上无垃圾、污迹，台面干净、整洁。要对设备进行检查和调试，提前半个小时开启会议有关区域的照明设备，确保全部正常使用。复核客户会议的所有要求，以确保会场的布置万无一失。

8.2.4 酒店专业化的会议服务

会议服务指酒店在会议全过程中提供的服务与管理工作，它既是会议型客户考虑酒店的关键因素，也是会议型酒店的一大特点。因此，酒店的会议服务需要表现出专业性。

会议服务的流程由 8 个阶段组成，如表 8-5 所示。

表 8-5　会议服务的流程

流程	内容
会前准备	会前准备包括打扫会场卫生、布置会场，包括铺地毯、台布、悬挂横幅、布置植物等，还要对会场内的设备设施进行调试，包括空调设备、音响设备、投影设备等
会前检查	1. 在会议前还需要最后做一次检查，检查灯光照明、文具用品、设备设施。 2. 检查横幅、指示牌内容；检查植物摆放。 3. 检查服务人员的服装、仪容等
客户接待	1. 酒店为客户提供接待服务，包括到达之前的接机、接送服务。 2. 到达酒店后送水、帮忙提拿重物以及引领签到等服务。 3. 有住宿要求的会议，还要分发客户的房卡
会中服务	1. 服务人员注意宾客人数，当超出预订人数时及时添加座位和用品。 2. 会议若属于保密性质，服务人员及时退场，并轻闭房门。 3. 服务过程中，服务人员要轻声说话、轻声走路、操作轻声，且动作要快速，并保持礼仪。 4. 主席台配备专门的会议服务人员，帮助调试设备设施。 5. 服务工作完成后，服务人员应该站立一旁休息静候并观察，以便随时应承处理
会议休息	1. 会议中途休息或离场饮用茶点时，服务人员要及时整理会场，补充和更换相应用品。若会议全天进行，服务人员要利用客人就餐时间对会场进行整理。 2. 快速打扫、整理会场卫生，保证会议会场的整洁。 3. 服务人员不得随意乱动客人的文件资料以及物品，若发现客户有贵重物品遗留时，应做好登记代为保管，待客人返场之后及时归还。 4. 客人中午离场就餐时，派遣服务人员留守会场值班

流程	内容
续会服务	1. 会议休息结束后继续开会，服务人员酌情为客人重新沏茶。 2. 续会后的服务工作内容与会中服务内容一致
会议结束	1. 服务人员微笑送客，礼貌道别，并提醒客户带好随身物品。 2. 快速检查会场内客户有无遗忘的物品，若发现，及时上交登记或立即归还。 3. 打扫整理会场卫生。 4. 根据客人需要，协助整理会议物品；如需运送物品应给予帮助，并送到指定地点。 5. 关闭会场空调、灯光、机电设备以及相关电源，拆除横幅和指示牌等
结账服务	会议结束后，服务人员根据客人在酒店的消费情况和收费标准，列出消费清单，并进行汇总。汇总后还要核实确认，再清楚打印

虽然会议服务内容看起来细小烦琐，但是往往正是在这些细节的服务中才能看到一个酒店的专业性。所以每一个会议型酒店都需要在会议服务中下功夫。

8.2.5　行业融合技术研讨会策划方案分析

通过前文的介绍，我们知道了酒店策划会议活动的相关步骤和内容，下面我们来看看具体的策划实例，根据实例中的会议策划内容来分析掌握会议活动策划的关键。

某行业融合技术研讨会策划方案

（一）会议基本信息

1. 会议主题：某行业融合技术的讨论与合作

2. 会议目的：通过讨论和交流进一步提升行业技术水平，推动行业技术水平的发展。

3. 会议时间：2019 年 8 月 10 日～8 月 11 日

4. 会议地点：某酒店 506 会议厅

5. 参会人数：200 人

（二）会议日程

8 月 10 日日程安排如下：

1. 时间：7:00～17:00

2. 接站地点：与会人员到达各个站点报到地点：某酒店大厅（接待组人员等候接待，并在酒店门口竖牌表示欢迎）。

3. 请与会人员填写个人信息资料并发放会议相关资料，会务工作人员需向报到者说明会议的作息时间、注意事项和食宿安排等情况，与会嘉宾与相应人员凭邀请函领取门牌号到酒店入住。

4. 通知与会人员欢迎晚宴的时间和地点，并要求与会人员务必凭邀请函准时出席。

8 月 11 日日程安排如下：

1. 会议开始前的准备

2. 会议议程

（1）王某主持开幕式。

（2）张某出席并为开幕致辞。

（3）李某做会前演讲。

（4）陈某做会前演讲。

（5）曾某做会前演讲。

（6）主持人宣布会中休息。

（7）张某总结发言。

（8）午餐休息（午餐为自助餐，在酒店 2 楼餐厅）。

（9）郑某做发言与宣讲。

（10）会中休息。

（11）行业技术视频播放。

（12）自由讨论与媒体采访。

（13）主持人宣布会议结束。

3. 会议闭幕晚宴

（1）时间：19:00 ～ 21:30。

（2）酒店 4 楼宴会厅。

（3）人员：所有与会人员。

（三）日程

8 月	时间段	时间	具体事项
10 日	全天	9:00 ～ 17:00	接站、签到、分发房间及会议资料
		18:00 ～ 20:30	欢迎晚宴
11 日	上午	7:30 ～ 8:10	早餐
		8:10 ～ 8:40	会议开幕式
		8:40 ～ 10:45	嘉宾致辞
		10:45 ～ 11:00	休息
		11:00 ～ 11:30	会议总结发言
	中午	11:30 ～ 14:00	午餐及休息
	下午	14:00 ～ 15:00	会议发言
		15:00 ～ 15:15	休息

续上表

8月	时间段	时间	日程安排
11日	下午	15:15 ~ 16:00	播放行业视频
		16:00 ~ 17:00	自由讨论与媒体采访
	晚上	19:00	会议闭幕晚宴
		21:30	晚宴结束

（四）会场布置

1. 准备签到台，并将其布置在酒店门口。

2. 准备指示牌，分别放于酒店门口、会议室门口以及餐厅门口。

3. 摆放会议的桌椅：在大会时采取课桌式摆放，准备投影和屏幕以及座式麦克风；在讨论会时，采取长方形式摆放，准备无线话筒。

4. 会议室背景喷绘。

5. 会议室宣传横幅。

6. 会议宣传展板分别布置在大厅和会议室。

（五）会议服务

1. 迎宾服务：酒店服务人员提前半小时在门口处迎接宾客，引导参会人员到达指定地点，以确保会议的良好次序。

2. 检查相关设备设施：会议开始前半小时开启全场灯光和空调，保证会场灯光明亮、温度适中，话筒、音响以及投屏等设备能正常工作。

3. 会中服务：会议期间服务人员勤观察、细注意，及时发现以及解决会议过程中的各类问题，以确保会议的正常进行。

4. 茶歇服务：在会议休息开始前5分钟，将会议茶歇的各种饮品、茶品以及用具准备齐全，相关服务人员做好服务准备。

5.礼貌送客：会议结束后，打开会议厅所有大门，微笑送客，并为客人叫好电梯。

6.检查与清理会场：待所有客人离场之后，仔细检查会场是否有客人遗留下物品，并予以登记归还。清扫卫生，归位桌椅，撤下会议所用的设备设施用品，并进行分类归位。

这是一份比较完善的会议活动策划方案，方案囊括了会议策划的基本内容，即会议基本信息、会议日程、会场布置以及会议服务。通过该策划，每一位到场参会的客人都能清晰准确地了解自己的日程情况，并合理做出安排。

另外，该会议活动策划方案中有一些值得我们学习借鉴的内容，具体如下所示。

①会议日程安排清晰具体，将会议日程以表格的形式展示，使会议的日程更为直观，也更便于参会人员观看。

②会场的布置根据会议类型的不同进行了区别布置，大型会议使用课桌式的桌椅布置，节省了空间，最大限度地增加空间，也方便与会人员听取会议内容。讨论会使用长方形式的桌椅布置，方便与会人员面对面进行讨论交流。

③会场布置细心和贴心，包括指示牌、横幅、喷绘以及展示板。

④会议服务内容包含会前、会中和会后，全面、细心且周到，使客户从细节之处感受到酒店的专业和热情。

主题活动策划：抓住酒店营销的好时机

第 9 章

09

　　越来越多的酒店热衷于开展各种各样的主题活动，虽然表面上酒店付出了大量的资金成本和人力成本，但实际上主题活动的举办却大幅拉升了酒店的人气，为酒店做了良好的推广宣传，是酒店营销的一个好机会。

9.1
酒店的主题活动策划制作

策划一场酒店主题活动是一件非常麻烦的事情，涉及的事务较多，需要考虑各方面的事情。因此，我们在策划主题活动之前需要做一份详尽的活动方案，以便活动能够按部就班顺利进行。

9.1.1 策划一场完整的主题活动的流程

我们知道酒店组织策划一场完整的主题活动是一件非常烦琐的事情，涉及的大小事物较多，牵扯的部门和员工较多，稍有不慎除了会耽误活动策划的进程之外，还有可能会直接影响活动的顺利进行。所以在策划之前需要理清活动策划的流程，然后再严格按照流程去策划安排，这样一来可以大大减轻活动策划的难度。主题活动的策划流程，如图 9-1 所示。

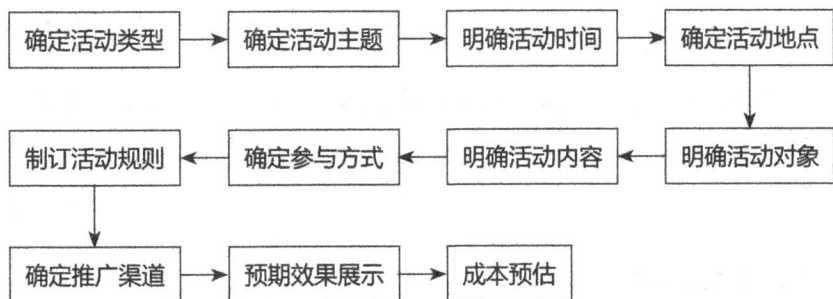

```
确定活动类型 → 确定活动主题 → 明确活动时间 → 确定活动地点
                                                    ↓
制订活动规则 ← 确定参与方式 ← 明确活动内容 ← 明确活动对象
    ↓
确定推广渠道 → 预期效果展示 → 成本预估
```

图 9-1

确定活动类型。酒店在活动策划之前首先需要对活动的类型进行确定，即想要通过活动达到一个什么样的效果。

确定活动主题。"主题"是主题活动策划的核心内容，也是活动策划的重要环节，所有的策划细节都围绕主题产生。

明确活动时间。活动的时间主要以目标群体的时间是否方便、空闲为主，然后再结合酒店的时间进行安排。

确定活动地点。活动的地点选择要符合活动的主题定位。

明确活动对象。活动对象要针对活动的主题确定目标客户群体和潜在客户群体。

明确活动内容。主要是对活动的内容进行描述，即向客人阐述活动是一个什么样的活动，有怎样的特点，以此作为亮点来打动客户。

确定参与方式。有的活动是针对部分客人而展开的，因此对客人参与活动有所限制。

制订活动规则。主要是指活动的要求和注意方式，例如参与人员要求、报名起止时间、活动奖品领取规定等。

确定推广渠道。活动推广宣传的时间和广告投放的渠道等。

预期效果展示。活动策划还需要对活动的效果做一个预期性评估。

成本预估。包含各推广渠道费用、线下执行费用以及各个环节礼品或奖品费用。

9.1.2 确定活动的类型

想要成功地举办一场主题活动，首先需要明确活动的目的，即通过举办该活动想要达到什么样的效果，然后再根据具体的目的制作活动内容与步骤。不同的目的，策划活动的侧重点不同，效果也不同。

根据活动的目的进行划分，酒店的主题活动可以分为以下3种类型，如表 9-1 所示。

表 9-1 酒店主题活动的类型

类型	说明
以销售为主导的活动策划	酒店的主题活动主要是以盈利销售为主，品牌宣传为辅而展开的主题策划活动
以传播为主导的活动策划	酒店的主题活动主要是以品牌宣传为主要目的，以盈利销售为辅的主题策划
混合型的活动策划	酒店的主题活动兼具了品牌宣传和销售的两个特性

根据酒店主题活动的类型，我们可以看出主题活动具备的主要特点，如下所示。

大众传播性。一个好的活动能够激发酒店在客户群中的美誉度，使活动或酒店被广泛传播。

深层阐释功能。活动是酒店方与客人直接交流的一个机会，能够清晰、准确地向客人表达酒店想要传递的信息。

公关性。酒店的主题活动通常代表的是酒店的立场，例如环保、健康和生态等，这些主题活动能够最大限度地树立起酒店在客人心中的品牌形象，使原本单一的消费从产品上的满足提升至精神层面的认同。

经济性。策划一场大型的主题活动也可以对酒店起到营销推广的作用，其费用成本却远远低于酒店直投广告的费用成本，但宣传的效果却没有弱化。

9.1.3 为活动策划一个引人注目的主题

主题活动成功与否很大程度上与活动主题的确定有关。一个好的活动主题能够快速引起客人的兴趣，引发客人的联想，使其产生浓厚的兴趣，从而积极参与。反之，一个无趣的活动主题也可以降低许多客人参与的积极性。

活动的主题可以是活动的总体概括，活动中的任何安排和设置都是基于活动主题而设计的。因此，首先需要为活动选择一个引人注目的主题。

活动的主题需要具备以下 4 个特性。

吸引注意。设计的活动主题要能吸引客户的注意，使人看到活动主题就能对其产生浓厚的兴趣。

通俗易懂。酒店的主题活动通常是面对所有的客户群体，他们包括老人和小孩、商人和白领、男性和女性等，所以需要通俗易懂的活动主题，才能引起全民参与。

强烈刺激。设计的主题能给人带来强烈的刺激，即引起客人的反应，从而引发客人的联想，才能吸引客人积极参与。

别具一格。市面上的主题活动有很多，尤其是在节假日期间，各种各样的主题活动更是层出不穷。因此，想要从众多的活动中脱颖而出就需要一个别具一格的活动主题。

虽然主题的设计需要具备这些特性，表面上看起来设计主题似乎是一件很困难的事情。实际不然，这些特性并不需要同时满足，只要满足其中一点或者多点就可以，下面来具体介绍几种常见的主题设计方法，如下所示。

（1）紧随潮流，追逐热门信息

身处信息爆炸的时代，大家的注意力都集中在时下热门的信息中。另外，热门信息具备天然的传播力，是社交互动的重要媒介。所以设计活动主题时，如果能够紧随潮流，以热门信息为基础进行设计，就可以使活动自身具备一定的关注度，从而提高活动的吸引力。

那我们应该如何获取热门信息呢？在这个互联网时代，网络无疑是获得信息的最便捷的途径，我们可以借助微博和百度等工具。

◆ 微博热搜榜

微博自身拥有庞大的用户量，时下的热点新闻、热门资讯都可以通过微博查看。微博有一个热搜功能，可以看到微博用户关注的热搜新闻，掌握时下热点，如图 9-2 所示。

图 9-2

◆ 百度风云榜

百度是一个比较成熟的搜索引擎，也拥有强大的用户基数，其中百度风云榜为时下热门信息的重要榜单，用户可以通过该榜单快速了解时下热门信息，如图 9-3 所示。

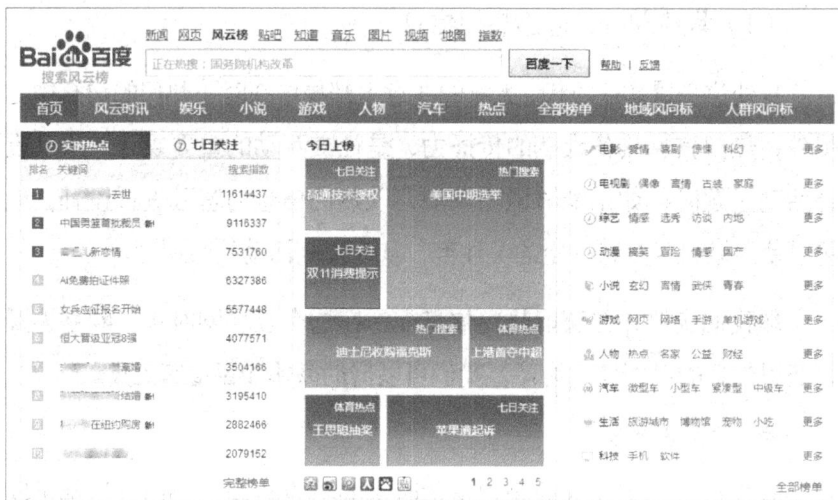

图 9-3

　　相较于微博而言，百度风云榜将资讯划分得更为细致，例如实时热点和七日关注。而且榜内的资讯按照信息的类别进行了划分，分为风云时讯、娱乐、小说、游戏、人物、汽车、热点以及全部榜单等版块，用户可以快速查找到自己感兴趣的热门信息。

　　另外，百度风云榜还有一个"地域风向标"，即用户可以查看各地区的人关注的热点是什么，他们喜欢什么。酒店可以结合自己所在的地理位置进行查看，以便了解该地区人们的喜恶，然后再针对性地设计出他们喜欢的活动主题。

　　除了上面介绍的微博和百度之外，还可以借助知乎、微信指数、朋友圈等社交平台，这些都是可以帮助我们了解热门信息的重要工具。

　　（2）利用酒店的产品或酒店的动态

　　利用酒店的产品或酒店的动态作为一个活动策划点，确定活动的主题，可以不受时间和季节的影响，只要灵活运用就可以达到很好的品牌宣传效果，例如酒店的新产品推广宣传、酒店周年庆典等。

但是需要注意，此类的活动策划需要策划人员对酒店产品和酒店的文化有清晰深刻的认识，才能从酒店的角度抓住客人感兴趣的点，对其进行引导和放大。

（3）引起客人的情感共鸣

一个能够让客人印象深刻的活动，通常是深刻洞察了客人的情感需求，才能真正想出他们感兴趣的方案。有共鸣的话题才能让客人有所行动，也就是引起客人的情感共鸣。

从文学解释的角度来看，情感共鸣是在他人情感表现或造成他人情感变化的情景刺激作用下，所引起的主体情感或情绪上相同或相似的反应倾向。

一些强烈的情绪，例如喜、怒、哀、乐、悲、恐、惊，其自身就具备了关注度，当把这些情绪巧妙地与活动主题进行融合之后，归属感自带对应群体的关注度。所以只要击中了某些用户的点，就能够进入他们的关注区，也就能使活动快速积累人气。下面介绍几种比较常见的引起情感共鸣的方法。

①在活动中塑造酒店的文化情感价值，引起客人的情怀。很多酒店自身便具备了文化情感价值，在主题活动策划时可以将其作为活动的主题，然后再进行一系列的情感策划。

②一个能让客人不厌其烦、自动自发地为活动传播推广的原因，往往是这个活动对其有所触动，能让人产生情感共鸣。让客人为品牌感动的同时，提升美誉度，进而爱上品牌，并产生参与活动的冲动。

③与目标客人之间进行情感互动，例如以毕业季的大学生为目标

群体所策划的毕业主题活动，以"散伙饭"作为情感需求，带动目标客户的情感需求，作为主题活动的宣传点进行情感营销。通过这种传递情感的方式，满足目标客户群体的情感需求，让酒店与客人之间开始了真正意义上的互动。同时，也拉近了与客人之间的距离。

总体来说，酒店在策划主题活动时要明白，酒店需要与客人之间建立一种情感关系，可以是"家人""朋友"等。而搭建关系的基础，来源于信任，而这种信任还是要从酒店本身做起。

9.1.4 活动策划方案涉及的表格制作

为了使活动策划方案内容更加具体，条理更加清晰，在策划的过程中常常需要制作一些表格。

◆ 活动流程表

活动流程表是活动策划中的主要表格，它主要负责管控活动的流程，以及对活动中各项环节的时间进行把控，以便精准控制活动的进程，从而确保活动顺利进行，表 9-2 所示为活动流程表模板。

表 9-2　活动流程表

活动流程表				
时间	活动事项	活动内容	参与人员	备注

从表 9-2 可以看到，制作活动流程表主要考虑 3 点：时间线、每个时间点对应的活动事项以及当前时间点的统筹协作。

◆　活动物料清单表

每一场主题活动的策划，都会涉及很多物料，如果管理不当，不仅会给酒店带来损失，还会影响活动的顺利进行。因此，需要制作活动物料清单表，以此来管理活动中涉及的物料，并防止物料丢失，表 9-3 所示为活动物料清单表模板。

表 9-3　活动物料清单表

活动物料清单表					
编号	内容	规格	数量	负责人	落实时间
项目 1：设计组					
项目 2：打印组					
项目 3：宣传组					

为了避免物料的遗失，对物料的管理可以具体到某一个人。所以在设计制作物料管理单时，可以根据活动策划的分工进行细分，再进行区域管理，明确具体的负责人。

◆　员工分工安排表

活动的组织策划需要大量的人员协作完成，其中涉及各个部门，为了使员工能够各司其职，快速高效地完成酒店的活动策划，需要制订员工分工安排表，表9-4所示为员工分工安排表模板。

表9-4　员工分工安排表

员工分工安排表				
编号	职务	负责事项	联系方式	备注
节目策划组（组长：　　）				
舞台搭建组（组长：　　）				
会场布置组（组长：　　）				
活动宣传组（组长：　　）				

大型的活动策划在人员管理上比较复杂，建议采用分组管理，组长管组员的方式，来实现现场的协作和统筹。

◆ 活动项目进度表

为了准确把握活动策划的进程，需要严格把控活动项目中每一项的进度，具体到每个项目进度的时间点。活动项目进度表模板如表9-5所示。

表9-5 活动项目进度表

活动项目进度表											
项目序号	项目内容	详细事项	负责人	项目时间计划进度表							
				10	11	12	13	14	15	16	17
第一阶段：活动策划											
第二阶段：活动的人力、物力准备											
第三阶段：活动前的统筹											
第四阶段：活动现场统筹											
第五阶段：活动结束后的统筹											

酒店的主题活动案例分析

前面介绍了许多酒店策划主题活动的相关内容，下面我们来了解一些酒店的主题活动案例，通过实际的案例来学习主题活动的策划与制作。

9.2.1 某酒店全球 12 种风味小龙虾活动

"小龙虾"号称夜宵界第一网红，尤其是在炎热的夏季，辛辣刺激的口感俘获了一众粉丝，上到 50 岁左右的中年人、下到几岁的小朋友纷纷被小龙虾所折服。某酒店针对这一现象策划了全球 12 种风味小龙虾活动。

某酒店全球 12 种风味小龙虾活动

你有想过环游世界吗？也许对很多人来说，这仅仅是一个停留在心中的梦想，而这只小龙虾，已经完成了我们的梦想。我是一只鲜嫩肥美的小龙虾，从小生长在清澈的小溪边，和我的兄弟姐妹一起，每天的生活乐悠悠。慢慢长大后，我意识到我是一只有梦想的小龙虾，不应该在这"一溪之地"度过余生，对，我要去环球旅行！

我的第一站来到了热辣的四川，变成川蜀变态辣小龙虾。四川当地的二荆条辣椒和我搭配在一起，麻辣鲜香，让人热辣在口，爱不释手！（图 9-4（左）所示为麻辣小龙虾）

随后，我又来到了日本，变成日式清酒蒸小龙虾。加了日式清酒

烹煮的小龙虾搭配辛香的芥末，更突出了小龙虾鲜嫩的口感！（图9-4（右）所示为日式小龙虾）

图9-4

拥有美丽亚热带风光的马来西亚是我环球旅行的必打卡之地，我变成咖喱小龙虾。咖喱醇厚的口感加上椰奶的浓香，这样的小龙虾绝对是你不得不尝的独特滋味！（图9-5（左）所示为马来西亚式小龙虾）

离开了马来西亚，我来到了美丽的澳大利亚，变成澳大利亚碳烤小龙虾。澳大利亚传统的碳烤方式再加上多种香料搭配，不仅让我的口感更加爽脆，更添加了一股碳烤香气！（图9-5（右）所示为澳大利亚式小龙虾）

图9-5

离开广袤的澳大利亚，我来到浪漫的法国！变成法式小龙虾。采用法国传统烹饪方式处理的我裹上了满满的芝士，让我口感鲜嫩的同

时又奶香四溢！（图9-6（左）所示为法国式小龙虾）

随后，我又来到了Pizza殿堂意大利，变成意式龙虾Pizza。意大利的Pizza举世闻名，搭配上香嫩的我，各种配菜的清爽，Pizza的香脆，各种口味一口尝尽！（图9-6（右）所示为意大利式小龙虾）

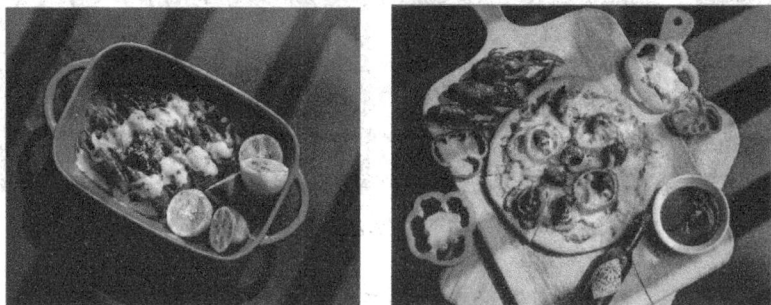

图9-6

渡过了宽广的大西洋，我终于到达了美国，变成美国啤酒小龙虾。美国的爽口啤酒和我搭配在一起，让我的香气更加浓郁，口感更加鲜嫩可口！（图9-7（左）所示为美式小龙虾）

随后我又来到了热情的墨西哥，变成墨西哥小龙虾Taco。墨西哥特产的Taco玉米饼满口酥脆，卷上我弹嫩的虾肉，两种口感在口腔中碰撞！（图9-7（右）所示为墨西哥式小龙虾）

图9-7

环球旅行的最后一站，我来到了集合全球各地美食的霸都合肥，变成蒜香小龙虾。蒜蓉的大量加入，辛辣的冲击将我鲜嫩的口感完全激发出来，成为广受大家欢迎的经典口味！（图9-8所示为合肥蒜蓉小龙虾）。

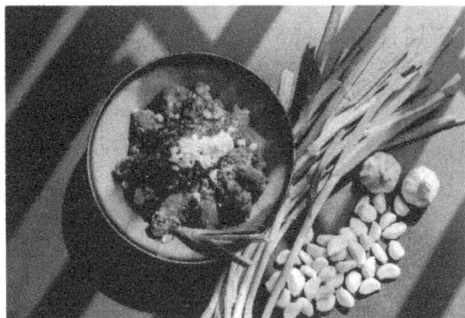

图 9-8

我还去了其他3个地方，想知道是哪里吗？三种神秘口味等您揭晓！每晚环球小龙虾盛宴随机推出9种口味小龙虾，快来看看你是不是来两次就能集齐12种口味的幸运儿！

环球小龙虾盛宴限时优惠，原价298元，现价仅需198元/人，抢购时间：2019.5.13～5.17，售完即止。

使用时间：自2019年5月17日至2019年7月20日，每周五、周六及法定节假日晚餐时段。

5月13日上午10:00正式开售环球小龙虾盛宴周五、周六晚餐。

另外，还可以加入我们，做我们的分销员。

用户通过分享个人二维码每卖出一份环球小龙虾盛宴自助晚餐券即可获得2.97元的奖励，奖励直接发放到账户。5月17日活动结束后，销售前三名将获得额外奖励！

一等奖：某酒店豪华大床房券一张（含双人自助早餐及双人往返高铁车票）、酒店酒吧代金券500元一张。

二等奖：某大酒店豪华大床房券一张（含双人自助早餐）及双人自助晚餐（限入住当日使用）。

三等奖：酒店双人自助晚餐券一张。

该主题活动策划是一个特色鲜明的酒店主题活动营销策划方案，对酒店能够起到很好的宣传推广作用，也能引起广大目标客户群体的注意并积极参与，是一场比较成功的主题活动。其中，值得我们学习借鉴的地方有很多，具体如下所示。

①以时下大热的"小龙虾"作为活动的主题，吸引了众多小龙虾爱好者参与。首先小龙虾自身具备强大的号召力，能够吸引众多的粉丝加入；其次，此次活动以全球12种风味的小龙虾作为活动的重点，吸引了众多猎奇的小龙虾爱好者参与活动，品尝不一样的小龙虾。

②活动内容描述时，摒弃了常规的介绍方式，将小龙虾拟人化，以小龙虾观光游览的形式，再借用小龙虾作为第一人称进行描述，使原本生硬、刻板的文字描述变得生动有趣，且富有情感。

③表面上开展小龙虾活动，以低价促销的形式吸引更多的客人积极参与，实际上是在对酒店的餐饮和餐饮文化做宣传推广。

④活动参与的方式简单、门槛低，大幅降低了群众参与活动的难度，使活动能够被更多的人查看和关注。

⑤除了传统的低价销售之外，酒店还开展了"分销"活动，让原本单纯的顾客摇身一变成为酒店的分销员，为酒店的小龙虾活动有偿推广。除了给予直接的现金奖励之外，还有机会参与抽奖，这样的活动形式提高了活动的广泛传播性。

⑥在宣传推广酒店餐饮的同时，还不忘对酒店的核心产品——客房进行宣传营销。在设置活动奖品时，以酒店自身的客房作为主要奖品，

一方面可以节省活动的成本，另一方面还可以对酒店的客房起到宣传的作用。

9.2.2　酒店啤酒活动策划方案

夏季天气炎热，气温飙升，此时来一杯冰凉的啤酒可以使人感到冰凉和舒服，可以说，啤酒已经成为广大群众消夏避暑的神器。此时，酒店以啤酒作为主题策划的活动，能够吸引广大啤酒爱好者。下面来看一个具体的啤酒活动。

某酒店啤酒活动策划方案

一、活动主题：浓情 8 月激情相约，啤酒纵饮狂欢。

二、活动目的：通过本次活动带动酒店消费，提高酒店的知名度和美誉度。

三、活动时间：2019 年 8 月 10 日至 13 日（暂定 18:00 开始）。

四、活动地点：某酒店内。

五、活动对象：活动期间入住的客人都可参与。

六、活动安排：活动期间每晚在活动点举办晚会。

七、活动流程

活动流程表				
日期	时间	活动内容	参与人员	备注
8 月 9 日	17:00 之前	完成舞台搭建、装饰、桌椅摆放等工作		
8 月 10 日	18:00	小提琴、吉他、贝斯等乐器开场		
	18:05	主持人致辞		

续上表

8月10日	18:05～19:00	歌舞表演		
	19:00～20:00	互动活动		
	20:00～21:00	篝火晚会		
	21:00～24:00	露天电影		
8月11日	18:00	草原歌舞表演开场		
	18:05	主持人致词		
	18:05～19:00	歌舞表演		
	19:00～20:00	互动活动		
	20:00～21:00	篝火晚会		
	21:00～24:00	足球赛观看		
8月12日	18:00	草原歌舞表演开场		
	18:05	主持人致词		
	18:07	酒店管理人致词		
	18:10～18:40	酒店员工节目表演		
	18:40～19:30	歌舞团表演		
	19:30～20:30	抽奖活动		
	20:30	活动闭幕		

八、活动内容

1. 啤酒优惠：全场啤酒买一送一。

2. 餐饮优惠：活动期间用餐满500元减100元，并赠送啤酒一箱。

3. 客房优惠：原价368元客房，活动期间可享248元超值入住。

4. 抽奖活动内容：（1）特等奖：豪华套房2晚（包含早餐），手机一部，啤酒5箱；（2）一等奖：精品套房2晚（包含早餐），啤酒3箱；（3）二等奖：特色主题套房2晚（包含早餐），啤酒3箱；（4）三等奖：普通客房2晚（包含早餐），啤酒3箱。

　　九、物料清单

活动物料清单表					
编号	内容	规格	数量	负责人	落实时间
餐饮部					
1	烧烤食材				
2	啤酒				
3	其他饮品				
4	篝火晚会食材				
5	烧烤工具				
晚会策划组					
1	服装				
2	音响设备				
3	灯光设备				
4	互动游戏道具				

　　从案例可以看出，该主题活动是一个活动时间长、涉及人数多、活动范围广的大型活动。在该活动策划中同样有许多的亮点值得我们借鉴。

　　①夏季炎热，是酒店行业的一个淡季。此时酒店以消暑利器"啤酒"作为活动主题，一方面能够让参与活动的客人感受到夏季的凉爽，另一方面也更加贴近生活，符合实际情况，可以得到广大客户的支持。

　　②此次的主题活动为大型活动，为了方便管理活动，控制活动流程，在策划活动时便对活动的具体流程做出了细致的规划，具体到了分钟。活动流程以表格的形式进行表述，更便于观看。

③活动内容紧紧围绕着活动主题"啤酒"，包括啤酒的促销和啤酒的赠送，能够让客人切实感受到啤酒活动的优惠，也能让参与啤酒活动的客人更深刻地体会到啤酒的魅力。

④虽然活动时间长，但是酒店开展了一系列的晚会活动，为活动增添了趣味性，也使啤酒活动的内容更加的丰富。

⑤活动的目的在于带动酒店的消费，所以活动期间的餐饮与客房有一系列优惠活动，一方面可以吸引更多的客人入店消费，另一方面也可以为活动积攒更多的人气。

⑥抽奖活动的奖品设置，以酒店的啤酒和客房为主。啤酒是为了突出啤酒活动的主题，而客房则是为了对酒店的产品进行宣传。尤其是根据不同的奖项等级，以不同的酒店客房作为奖品，可以多方面为客人展示酒店客房的特色。

9.2.3 酒店世界杯主题活动

四年一度的全球性世界杯不仅是球场上的争夺，更是各路商家的营销比拼战，酒店行业也是如此。针对世界杯，许多酒店也推出了主题活动。

某酒店世界杯主题活动

一、活动目的

1. 借助世界杯的全球影响力，以世界杯情感营销和特色营销为噱头，以扩大酒店的知名度和提高美誉度。

2. 抓住世界杯的有利契机，为广大新老顾客尤其是球迷顾客提供一个更加直观、更有气氛的世界杯足球互动仪式，以增加当月餐饮以及客房的销售额。

二、活动时间：2018 年 6 月 14 日～7 月 15 日。

三、活动地点：某酒店。

四、活动主题：梦在俄罗斯。

五、活动形式：住宿＋饮食＋决赛场主题活动＋决赛后休闲娱乐。

六、活动对象：所有入住酒店的顾客。

七、活动主要进程

活动项目进度表									
事项	工作小组	负责人	项目时间计划进度表						
召开小组讨论会	策划组								
拟定活动方案、预算方案，报领导审批	策划组								
设计宣传海报、吊旗、地贴、足球明星玩偶、世界杯吉祥物玩偶以及世界杯纪念品	设计组								
设计宣传语	设计组								
备齐相关物资	后勤组								
进行前期活动宣传，并进行线上宣传	宣传组								
酒店的世界杯主题氛围布置	设计组								
地面推广，利用传单、海报等在酒店前台、停车处以及酒店客房等展开宣传	宣传组								
以信息的方式给广大新老顾客告知活动形式、亮点以及优惠	后勤组								

续上表

布置俄罗斯风格的客房	设计组						
决赛当晚的现场布置	设计组						
准备活动环节的礼物，世界杯纪念球服	后勤组						
活动后给所有顾客发送感谢短信	后勤组						
召开总结会议	各个小组						

八、场景布置安排

1.布置要求：场景布置是世界杯主题活动的关键事项，需要在布置中突出四年一次世界杯对人们的吸引，显示出它的狂热和激情，突出活动的主题。

2.布置物品：电梯喷画、宣传单、宣传喷画、Stand牌、球星展板画、走廊的世界杯LOGO吊牌、吊旗。

3.音乐：在大堂房间播放这一届世界杯的主题曲，以便让客人一进门就能感受到浓厚的世界杯氛围。

4.酒店户外现场布置，如图9-9所示。

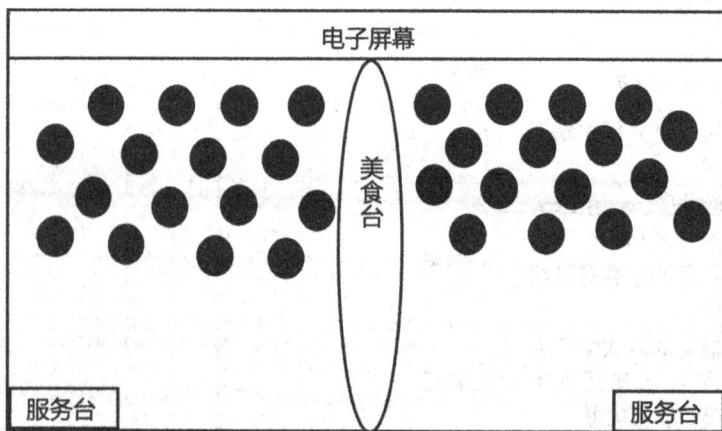

图9-9

九、活动亮点

1. 世界杯期间推出俄罗斯系列美食。

2. 会员可享受活动全程所有物品 6.8 折优惠，新顾客凭借有效身份证登记入住可享受会员待遇，并免费办理会员卡。

3. 外地新顾客凭借身份证即可享受 5.8 折优惠。

4. 团购 3 人以上，第 4 人享受全程消费全免待遇。

5. 情侣可赠送爱心纪念品，足球明星玩偶或世界杯吉祥物玩偶。

6. 家人赠送亲情温馨纪念品以及享受免费的亲情套餐。

7. 足球竞猜活动：

世界杯期间，酒店推出 4 款参加足球竞猜的方式，分为：8 强套票、4 强套票、冠军竞猜和每天的单场竞猜，其中 4 强、冠军竞猜分时间段进行，不同时间段的竞猜价格不同。每天晚上每一个人每间房间最多只能购买 4 款竞猜方法各一次，即最多只能购买到 4 张不同的竞猜票。

每种竞猜方式的具体要求如下：

（1）8 强套票：6 月 20 日（含）之前购买，每张面额 100 元，每张套票选择 8 支队伍，凡能猜中 6 支队伍（含）以上者，即可获得相应奖品。

（2）4 强套票：6 月 20 日（含）之前每张套票 100 元；6 月 21 日～26 日（含）每张套票 150 元，每张套票选择 4 支队伍，凡能猜中 2 支队伍（含）以上者，即可获得相应奖品。

（3）冠军竞猜：凡在 6 月 20 日（含）之前参与冠军竞猜者，每张票 100 元；6 月 21 日～6 月 26 日（含）参与冠军竞争者，每张票 150 元；6 月 27 日～6 月 28 日（含）参与冠军竞猜者，每张票 200 元；凡猜中者，均可获得相应奖品。

（4）单场竞猜：当天比赛到场的客人在每天的单场比赛前开始买全，填写好后交给服务台（只能买当晚比赛中的一支队伍），若当晚中奖，则奖励贵宾房一间（可当晚使用），但不能同时购买两支球队；单场竞猜以澳门赌球法为准。

参与方法：

（1）客人于消费当日按不同的竞猜方式购买相应面额的会赠券，（每张价值50元人民币，且每张券上都有32支球队代码和名称，以供客人选择）。

（2）客人在竞猜券上面填写所要选择的球队、数量和名称代码（正、副券都要填写），填写好之后交与工作人员。工作人员确认正副券所填写内容一致后，填写有效期，加盖公章后将正券交与客人保留，酒店保留副券。

（3）其余的"现金券"客人可以去酒店的"酒店专柜"兑换礼物。

开奖后，中奖的客人，酒店要将竞猜券收回；没有中奖的客人则可以继续凭现金券到酒店专柜兑换礼物。

2018年夏天，最热门、关注度最高的一定是四年一度的世界杯赛事，酒店趁着这一波热度策划了世界杯主题活动，紧跟时下热潮，吸引了大量球迷的关注。可以说，此次的活动是一场非常成功的策划。

①活动的主题选择贴切，紧跟时下热点，能够引起大量关注。

②活动形式以"住宿＋饮食＋决赛场主题活动＋决赛后休闲娱乐"综合的方式进行，让顾客从吃、住、玩多个方面充分感受到世界杯的乐趣。

③策划时依活动进程表做具体的事项安排，使各部门工作更为顺畅，活动安排也更顺利。

④为了让每一个到场的顾客充分感受到世界杯的热情与活力，酒店在场景布置方面花费了很多心思，包括电梯喷画、宣传单、宣传喷画、Stand 牌、球星展板画、走廊的世界杯 LOGO 吊牌、吊旗等物品，世界杯音乐以及户外观赛场的布置。

⑤为了让顾客充分参与并感受世界杯赛事，酒店针对世界杯球赛推出了竞猜活动，积极调动了球迷的兴趣，也大大增加了酒店的世界杯氛围。

⑥利用世界杯和竞猜两大热点进行造势，为酒店积累了大量的关注度和人气，使酒店获得极高的关注度，以达到酒店宣传营销的目的。

节假日活动策划：提升营收和酒店形象

第 10 章

10

节假日是游客出行的高峰，也是各大酒店产品销售的黄金时期。为了能最大限度地争取更多的客人，酒店纷纷制定各种各样的节假日活动策划。在吸引客人眼球的同时，也为酒店带来了直接的高收益，同时树立了良好的品牌形象。

10.1
酒店节假日活动策划准备工作

做好酒店的节假日促销，不仅需要关注细节，更需要对整个过程进行细致的规划和管理，才能保证活动顺利进行。因此，在节假日之前策划一个行之有效的活动方案，是促使其营业额快速增长的关键。

10.1.1 对节假日的特点和酒店进行有机结合

节假日指一些特殊的纪念日、传统的庆祝活动或祭祀的日子以及国家法定的放假或休假日。但不是所有的节假日都适合做活动策划，例如清明节。以获利为目的的酒店活动在选择具体的节假日开展活动时，应根据节假日的特点设计营销方案，主要包括以下 3 个方面。

◆ 不同节假日具备不同的文化内涵

酒店节假日活动策划通常包括 3 种类型：社会公认的节假日、消费者的个人节日和酒店的自创节日。社会公认的节日指社会公众承认的节假日，它包括国家的法定节假日、中国的传统节日、国外的传统节日和社会的新兴节日（例如光棍节）4 个部分组成；消费者的个人节日包括单体消费者人生中重要事件的纪念日以及一些对消费者具有重要意义的日子，例如消费者的生日、结婚纪念日、恋爱纪念日等；酒店的自创节日是指酒店成立的诞生纪念日、酒店的特殊纪念日以及酒店为了提升业绩而举办的一些主题节日。多样的节假日因为不同的民族、国家，有自己独特的产生背景，蕴涵着不同的文化内涵。在进行活动策划时，首先要对节假日做一个深入的文化内涵调查，以免闹笑话。

多样化的节假日代表了不同的文化内涵，也决定了酒店节假日活动宣传营销的主题。例如中秋节是一个以月亮为代表的传统节日，代表了思念、团圆；端午节是一个以屈原为中心的传统节日，代表了忠勇。

◆ 不同的节假日面对的对象不同

有的节假日面对的对象为所有人，但也有一些节假日所面对的对象只是一些特定人群，例如三八妇女节、六一儿童节以及九九重阳节等。不同的节日对象意味着酒店策划的节假日活动的目标市场有所差异，同时，酒店制订的营销策划方案也应针对性做出改变。

所以酒店在制订节假日活动策划时要分析自己的客源结构，再结合节假日对应的对象特点进行策划。细化下的节假日活动营销其目标市场更为准确，营销效果也更明显。

◆ 节假日数量众多，但时间间隔不均匀

我国的节假日数量较多，法定休假时间每年总共有 110 天左右，约占全年总时间的 1/3，再加上个人的带薪假期和其他一些没有节休的节日，构成了数量庞大的节假日群。虽然数量众多的节假日为酒店的活动策划提供了众多良好的机会，但是节假日之间的时间间隔并不均匀，具体表现为在十一月、一月、二月、五月、六月分布较多，其他月份节假日分布较为稀疏。

分布不均匀的节假日为酒店的活动策划带来了一定困难。例如活动的宣传推广，节假日密集时酒店的曝光度较高，营销效果好；但节假日稀疏时，酒店长时间缺乏大型宣传推广，营销效果低。因此，酒店在做节假日活动策划时应尤为注意，引起重视。

10.1.2 策划活动内容要充分利用节假日元素

在针对节假日做活动内容的策划时，要充分运用和考虑节假日的元素。如果策划活动内容时背离活动，只做单一的活动内容方案，那么这样策划而来的活动必然是挂羊头卖狗肉的活动，没有真正达到节假日活动的目的。

首先需要将节假日的元素列举出来，然后再在活动的布置与活动内容上运用和体现这些元素。节假日的元素有很多，例如中秋节，与之相关的元素有月饼、月亮、嫦娥、吴刚、后羿、玉兔、月桂树、石榴、灯笼、大红绸布等。各个节日的元素不同，其策划活动的内容和方向必然也不同，下面我们来看看几个常见的节假日活动内容策划。

◆ 儿童节

一年一度的儿童节对小朋友而言是一个快乐而有意义的节日，也是商家必争的战场，为了赢得更多的小朋友市场，许多酒店纷纷针对儿童设计了相应的儿童节活动。如下所示为某酒店针对儿童节策划的活动内容。

①儿童演唱舞蹈表演：与某幼儿园协作，请一个幼儿园出一个班的儿童来表演，参与表演的儿童及带队老师免费享用自助餐。

②儿童书画比赛：凡是提前来店预订儿童套餐的小朋友均可报名参加书画比赛，晚会现场所有来宾是裁判，取前六名在大酒店合影留念，并颁发奖品。

③趣味谜语竞猜：共设谜语100条，在某餐厅举行，由主持人负责。

④儿歌朗诵比赛。

为了让每一位到店的儿童充分感受儿童节的快乐，酒店在设计活动内容时以儿童为主，设计的活动内容充分考虑儿童。通过歌舞表演、书画比赛、趣味谜语竞猜以及儿歌朗诵，让儿童发挥自己的特长，展示自己的才艺，并获得相应的奖品。

◆ 万圣节

万圣节是诸圣节的俗称，本是天主教等基督教的节日，时间是11月1日，俗称"西方鬼节"。每年这一天，全世界很多的国家都有盛大的化装游行和化装舞会，另外人们还会将南瓜灯钉上鬼脸放在门口。近年，万圣节文化逐渐传入国内，许多新潮的人们开始流行过万圣节，商家也追赶潮流迎合大众口味，推出一系列万圣节活动。如下所示为某酒店万圣节活动内容。

①请嘉宾助兴表演鬼披风踩高跷。

②表演人鬼情未了和钟馗斩鬼。

③邀请客人参与南瓜灯搭建有奖游戏。

④设计 DIY 面具。

⑤万圣节 cosplay 活动。

在万圣节活动的内容设计中，酒店充分运用了鬼节元素，例如表演鬼披风踩高跷、人鬼情未了、钟馗斩鬼、南瓜灯搭建、面具以及 cosplay，这些活动新奇又有趣，能让每一个到店的顾客切实感受到万圣节的紧张和刺激。

◆ 春节

春节对每一个人都不陌生，它是我国最为重要的传统节日之一。近年旅游业发展迅速，许多人都愿意趁着春节的假期带着家人出行，因此，春节也成为商家重点策划的节日之一。如下所示为某酒店的春节活动策划内容。

①除夕狂欢夜自助大餐。

②烛光晚宴。

③迎新年拔河比赛。

④除夕夜晚会活动。

⑤春节期间宴会厅推出：

良朋相聚宴：699 元 / 桌。

金玉满堂宴：799 元 / 桌。

富贵吉祥宴：899 元 / 桌。

春节主要是亲朋相聚，所以酒店在策划春节活动时大多以宴会为主，再辅以晚会活动，让顾客在用餐之余感受到节日欢乐轻松的氛围。

总的来说，节假日是酒店吸引顾客到店的一个良好契机，做好完善的活动内容策划，让每一个到店的顾客充分感受到节日的欢乐气氛，才能使活动结果更令人满意。因此，在策划活动内容时要充分结合节假日的元素。

10.1.3 酒店的活动宣传途径

活动宣传对于酒店活动非常重要，甚至直接影响活动能否成功。活动需要大量的人气支持，如果宣传不到位，很有可能造成活动现场冷清，那么活动效果自然可想而知。

活动的宣传通常分为线上和线下两种，下面分别进行介绍。

◆ 线上宣传途径

线上宣传主要是通过网络完成的宣传，如今处于互联网时代，人人都需要使用网络，自然网络成为主要的宣传途径。互联网宣传不仅快速、便捷、高效，还能够精准地将信息传递到目标客户和潜在客户手中。常见的线上宣传途径有以下两种。

利用自己产品内的渠道进行宣传。 在酒店官网上发布酒店的活动信息；利用酒店的微信公众号向每一个客户发送酒店的活动信息；通过酒店的微信在朋友圈中发布酒店活动信息。

利用微博、贴吧以及当地论坛发布酒店的活动信息。 微博、贴吧以及论坛是网民的集中地，在这些地方发布活动信息能够快速得到网民的关注。

◆ 线下宣传途径

线下宣传是一种比较传统的宣传方式，但也是一种效果明显的宣传方式。常见的线下宣传途径有以下几种。

①在人流量多、投放成本低的地方投放海报、门型展架、X展架或横幅等。例如广场、餐厅、超市等地方。

②派发宣传单做宣传。宣传单其实是一个很大的引流入口，虽然现在互联网丰富的营销方式逐渐冲淡了宣传单的作用，但其仍是重要的宣传手段。可以在人口流动速率大的地方发放宣传单。

③户外广告（户外LED显示屏、灯箱、公交车站牌）。

④利用电视广告做宣传。虽然在网络内容丰富的现在，观看电视的人群减少，但是电视仍然是大部分人接受信息的重要渠道。同时，因为网络渠道日益丰富，电视广告的投资费用也大幅降低，这也降低了酒店的宣传成本。所以电视广告是一种比较适合的宣传方式。

单一的宣传途径无法保证效果，应该多采用组合拳的方式去做宣传。同时，所有的宣传途径都应该相互结合起来，这样才能提升宣传的效果。

10.2
酒店节假日活动策划实例分析

酒店节假日活动策划与主题活动策划、会议活动策划以及宴会活动策划有许多相似的地方，不过节假日活动策划更侧重节日的气氛。不管是在活动现场的布置，还是在活动内容上的设计，都需要体现出节日的特点，以便让客人充分感受节日气氛。下面我们通过具体的实例来感受看看。

10.2.1　情人节活动策划方案

每年的 2 月 14 日是西方国家的传统节日，这是一个关于爱、浪漫、花和巧克力的节日，男女会在这一天互送礼物以表达爱意或友好。如今，我国也开始流行过情人节，情侣们纷纷在这一天向爱人表达自己的感情，酒店也趁此机会推出了情人节活动策划。

情人节酒店活动策划

一、活动主题：粉色情人节之旅

二、活动时间：2019 年 2 月 14 日

三、活动地点：某酒店鑫苑大厅

四、活动内容

1.通过浪漫的场景布置，为消费者创造一个温馨、旖旎的爱的殿堂。

2.为入场的情人分发"情人留言卡片"，供情侣在上面写下爱的誓言，然后放入心愿盒中，活动尾声时做卡片抽奖。

3.每位入场的客人分发彩色荧光棒，以粉红色和海蓝色区分单身和有情人，单身的客人可参与大厅举办的情侣对对碰活动。凡活动当天交友成功者均可享受餐饮5折优惠。

4.情侣可参加"情人夜"情侣主题派对，凡是夫妻、情侣在情人节当天消费均可享受餐饮5折优惠。凡是2月14日为结婚纪念日的客人，均可享受酒店免费提供的情侣套餐一份。

5.活动当天特别推出"情人节"特价客房。

粉红情侣套间，628元/（间·夜），赠送次日双人自助早餐、赠送精品玫瑰一束、赠送精品红酒一支、酒心巧克力一盒，如图10-1所示。

图10-1

甜蜜情侣精品客房，428元/（间·夜），赠送次日双人自助早餐、赠送精品玫瑰一束、赠送精品红酒一支、酒心巧克力一盒，如图10-2所示。

图 10-2

　　温馨情侣客房，328 元／（间·夜），赠送次日双人自助早餐、赠送精品玫瑰一束、赠送精品红酒一支、酒心巧克力一盒，如图 10-3 所示。

图 10-3

6. 活动当天推出情人套餐

214 元情人套餐（包含双人套餐、红酒一支、玫瑰一支）。

520 元情人套餐（包含双人套餐、高档红酒一支、玫瑰花一束、巧克力一盒）。

1 314 元情人套餐（包含超值双人套餐、进口高档红酒一支、玫瑰花一束、演唱会门票 2 张）。

五、现场布置

1. 会场门口用鲜花扎成心形拱门，如图 10-4 所示。

2. 会场大厅内用彩灯、鲜花以及纱幔布置现场，暖色调黄色灯光配合粉红色彩灯，现场营造出粉红甜蜜的气氛，如图 10-5 所示。

图 10-4

图 10-5

3. 会场内设立情侣留言板。

4. 餐厅内每张餐桌以红色桌布装饰，餐桌上摆放增添氛围的鲜花、烛台以及酒店赠送给情侣的香槟，如图 10-6 所示。

图 10-6

5. 整个餐厅用彩色气球、鲜花以及纱幔做装饰。

六、推广宣传

1. 酒店外围设一块桁架做宣传广告。

2. 大堂电子屏、LED 显示屏滚动播放关于活动的内容。

3. 印刷 1 000 份宣传单在客房、前台、广场等地派发。

4. 向新老顾客发送活动短信。

5. 在酒店官网、微信公众号以及微博中发布活动信息。

七、活动安排

员工安排表				
负责部门	负责事项	负责人	时间	备注
策划部	策划出情人节活动方案	组长	2 月 5 日	
策划部	策划情人节活动的内容	组长	2 月 7 日	
设计部	设计宣传海报、宣传单等	组长	2 月 13 日	
设计部	布置会场	组长	2 月 13 日	
设计部	做好用光、用电的安排	组长	2 月 13 日	
餐饮部	做好情人节的套餐设计	组长	2 月 10 日	
餐饮部	做好情人节餐厅布置	组长	2 月 10 日	
客房部	做好情人节客房的布置	组长	2 月 10 日	

根据该情人节活动策划案例我们可以看到，情人节活动策划的重点主要有以下 6 点。

①活动内容的设计要通过一系列的小互动体现情侣之间的甜蜜，同时还要为单身的顾客群体提供参与情人节活动的机会。这样一方面符合了情人节的活动主题，另一方面也增加了活动的趣味性。

②酒店的核心产品是客房和餐饮，酒店举办情人节活动的核心目的在于通过活动促进酒店的产品销售，为酒店提升营收。因此，需要

根据情人节顾客的特点，对酒店的产品做出针对性的改变。例如酒店推出针对情侣的特色套房和特色套餐。

③为了增添客房的多样性，酒店的情侣套房也在原有的基础上根据不同房间的特点做出了不同的装饰，以便迎合不同特点的情侣。

④为了提升情侣的情感，为活动增加甜蜜氛围，酒店为每一间情侣房赠送了代表爱情的玫瑰、红酒和巧克力。

⑤宣传方面酒店通过线上线下多种宣传方式对情人节活动进行宣传，以便吸引更多的顾客参与，为酒店拉升人气。

⑥为了便于员工管理，保证活动的顺利进行，制订了员工安排表。将情人节活动工作内容按照部门进行划分，各部门各司其职，按部就班地进行自己的工作。

10.2.2 圣诞节活动策划方案

如今许多赶时髦的年轻人都特别热衷于西方的节日，其中圣诞节就是比较受欢迎的西方节日之一。其中，圣诞卡、圣诞帽、圣诞袜以及圣诞树更是成了圣诞节的标配。圣诞节这一天大街小巷都洋溢着喜庆的气氛，许多酒店也针对性地推出了圣诞节活动方案。

某酒店圣诞节策划方案

一、活动目标：通过圣诞策划活动，扩大酒店的知名度，加强与客人之间的情感联系，引导周边地区居民的餐饮消费，从而取得一定的经济效益和社会效益。

二、活动安排

圣诞节活动分为 3 个小会场各自进行，按照就餐的形式，包括自助餐、中式晚餐和西餐，分别在 2 楼西餐厅、3 楼中餐厅和宴会厅举行，各个餐厅负责人负责管理此次活动。

1. 圣诞新年自助晚餐（西餐负责）

日期：2018 年 12 月 24 日、12 月 25 日。

时间：17:30 ~ 22:30。

地点：酒店 2 楼西餐厅。

价格：自助晚餐成人每位 98 元，儿童每位 68 元（8 岁以下）。

活动内容：

（1）娱乐活动：新年音乐、唱诗班表演、圣诞老人派送礼物。

（2）游戏活动：智力竞猜游戏，并以小额现金作为奖励刺激客人参与和消费。

（3）自助晚餐：以海鲜和传统圣诞食品为主的自助晚餐。

2. 圣诞自助中餐

日期：2018 年 12 月 24 日至 12 月 25 日。

时间：17:30 ~ 22:30。

地点：酒店 3 楼中餐厅。

价格：成人 98 元 / 位，儿童 68 元 / 位。

活动内容：

（1）娱乐节目：包括歌舞表演、趣味游戏、草裙舞等。

（2）游戏互动：邀请现场的客人参与游戏，以神秘"圣诞节礼包"作为奖品吸引客人参与。

（3）酒店致辞。

（4）传统中式餐点。

3. 圣诞派对

日期：2018 年 12 月 24 日、12 月 25 日。

时间：17:30 ~ 02:00。

地点：4 楼宴会厅。

活动内容：

（1）娱乐节目：包括乐队演奏、圣诗诵唱、歌舞表演、趣味游戏、草裙舞等。

（2）抽奖礼品：奖品种类另定。

（3）酒店致辞。

（4）化装舞会：午夜时分舞厅专门预备一场狂欢化装舞会。

三、圣诞会场布置

1. 酒店外灯饰

酒店外用大量的彩灯对酒店进行装饰，并对酒店的外形轮廓进行装扮，再对酒店外的绿色植物进行灯饰装扮，最后再用红色蝴蝶结作点缀，如图 10-7 所示。

图 10-7

2.大堂装饰

（1）大堂内放置一棵光纤圣诞树，如图 10-8 所示。

图 10-8

（2）大堂前台摆放小型雪人和圣诞树做装饰，大堂的天花板和内侧墙壁上悬挂圣诞彩旗、雪花、气球以及铃铛等装饰，最后再配合温暖的暖橘色灯光，如图 10-9 所示。

图 10-9

3.圣诞节酒店安排 1～2 名高大的保安扮演圣诞老人，在酒店门口迎接客人。

4.餐厅装饰。

以小型圣诞树、圣诞花、圣诞钟、圣诞贴纸、圣诞公仔对餐厅进行装点布置，再用星星灯进行适当点缀。

四、圣诞客房

12月24、25日酒店推出"平安夜"套房和"圣诞"套房，588元/晚，房内配送金百合一束、圣诞贺卡一张、圣诞蛋糕一份以及自助餐券两张。其余普通客房内全部配置圣诞贺卡一张，用传统的圣诞老人袜装好送到房间。

五、圣诞活动宣传安排

（1）在电视台上做一些宣传报道和硬性广告。

（2）悬挂宣传横幅、条幅、宣传画。

（3）LED显示屏滚动播出酒店圣诞节活动消息。

（4）向酒店新老会员发送酒店圣诞节活动消息。

（5）印制宣传单1 000份在周边商场、企业派发。

由于圣诞节在年轻人群体中是一个比较盛行的节日，所以对酒店餐饮行业来讲是一个很好的卖点。许多家庭在忙碌了一年后就想找一个地方聚在一起好好吃上一顿别具风味的圣诞大餐。因此，酒店针对这一节日特点特别推出圣诞节活动。

①此次的活动以餐饮为主要特色，致力于给客人留下一个印象深刻的、具有圣诞特色的圣诞大餐。酒店根据客人不同的饮食习惯，特别定制3种圣诞活动，分别是西式自助、中式自助和派对。在享受美味的同时，客人还可以观赏节目，参与互动，以增加节日的趣味性。

②安排的节目内容紧扣圣诞主题，例如新年音乐、唱诗班表演以及圣诞老人派送礼物等，可以让到店的客人感受西方传统节日的文化魅力。

③此次活动策划在圣诞节布置上花费了大量的人力物力，包括圣

诞树、圣诞花、圣诞钟、圣诞贴纸、圣诞公仔以及圣诞灯等。通过这些装饰品的装扮，让酒店的圣诞气氛更浓厚。

④客房部趁着热度推出圣诞节"平安夜"和"圣诞"两个特色套房，刺激客人消费的同时，也可以让客人进一步感受欢乐的圣诞气氛。

⑤圣诞期间入住酒店的客人都可获得装在圣诞老人袜子中的圣诞贺卡，一方面为客人制造了惊喜，另一方面也遵循了圣诞节的传统风俗。

10.2.3　七夕节活动策划方案

如果说 2 月 14 日是西方的情人节，那么七夕就是中国的情人节。七夕是农历七月初七，又名乞巧节。经历史发展，七夕被赋予了"牛郎织女"的美丽爱情传说。因被赋予了与爱情有关的含义，使其成为象征爱情的节日，从而被认为是中国最具浪漫色彩的传统节日，在当代更是产生了"中国情人节"的文化含义。七夕节深受传统国人的喜欢，商家们也乐于将其作为宣传营销的热点，酒店行业也纷纷加入。

某酒店七夕活动策划

一、活动背景

七夕情人节就要到了，为消费者创造一个既浪漫又温馨的节日。根据我们酒店的经营特色，以及平常消费熟客的消费习惯，今年我们制订出以下情人节推广计划。

二、活动主题：浪漫七夕，与你相约

三、活动时间：2019 年 8 月 6 日 ~ 2019 年 8 月 8 日

四、活动地点：酒店内

五、活动内容

1. 七夕派对

酒店 3 楼宴会厅精心布置，摆放各种休闲桌椅，并播放舒缓浪漫的背景音乐，住店宾客凭房卡免费入场，其他客户凭入场券进场。现场配设饮品销售点、小吃销售点和七夕商品销售点等。参与派对的宾客都有机会抽取惊喜大奖一份，价值 5 000 元的首饰。另外，凡在派对中约会成功的情侣可获得精美纪念品一份。

2. 鹊桥相会

根据牛郎织女的爱情故事，在酒店的宴会厅内设置代表爱情的"鹊桥"，情侣们可以在鹊桥合影留念，并在心愿卡中向爱人表达祝福。

3. 汉服魅力

参与活动的男女客人穿上带有时代印记的汉服，充分感受我国传统文化的魅力。（汉服由自己提供）

4. 餐饮

（1）77 元情人套餐（包含双人套餐、玫瑰一束）。

（2）177 元情人套餐（包含双人套餐、高档红酒一支、玫瑰花一束）。

（3）277 元情人套餐（包含超值双人套餐、高档红酒一支、玫瑰花一束）。

5. 客房

（1）原价 488 元 / 夜的满天星客房，七夕价 377 元 / 夜，并赠送 77 元情人套餐。

（2）原价 688 元 / 夜的玫瑰豪华客房，七夕价 577 元 / 夜，并赠送 177 元情人套餐。

（3）原价 898 元 / 夜的百合精品客房，七夕价 677 元 / 夜，并赠送 277 元情人套餐。

六、现场布置

（1）在餐饮酒店入口处创意设计大型七夕鹊桥门头。

（2）结合七夕鹊桥门口，布置牛郎、织女特色造型人物模型。

（3）结合七夕节主题设计宣传立柱，摆放在旁边。

（4）在酒店大厅及主要过道设置中式灯笼，增添厅内浓厚的传统感。

（5）按照七夕营销主题统一设计宣传吊旗画面及内容，并以创意造型有序布置，用于活动宣传及氛围营造。

（6）根据实际餐厅场地布置活动当天所需的灯光设备、光影表演设备等。

七、活动安排

员工安排表				
负责部门	负责事项	负责人	时间	备注
策划部	策划七夕活动内容	部长	7 月 20 日	
营销部	设计宣传方案	部长	7 月 22 日	
设计部	设计宣传海报、广告等	部长	7 月 30 日	
设计部	设计布置酒店	部长	8 月 5 日	
餐饮部	设计七夕套餐	部长	8 月 3 日	
客房部	设计七夕特色客房	部长	8 月 3 日	
后勤部	做好物料准备	部长	8 月 3 日	
工程部	做好用光、用电的安排及特殊道具的运转或制作	部长	8 月 3 日	

八、活动宣传

1. 酒店外围设大型户外广告牌。

2. 大堂电子屏、LED 显示屏滚动播放关于活动内容。

3. 印刷 1 000 份宣传单在客房、前台、广场等地派发。

4. 向新老顾客发送活动短信。

5. 在酒店官网、微信公众号以及微博中发布活动信息。

七夕节的主要客户群体虽然是情侣，但是七夕并不是单纯的情人节，它是具有我国传统文化特色和历史意义的节日。所以酒店在设计策划七夕节活动时要遵循传统，在宣传策划活动时也要对节日的相关知识进行普及。

①该活动策划中在酒店门口处设计鹊桥，借用鹊桥相会的传统文化习俗给酒店七夕节活动增添了文化底蕴，也成功地吸引了客人的注意力。

②在鹊桥门口设立七夕代表人物牛郎和织女的人物模型，不仅从外围环境上增加了七夕文化，也给客人提供了摄影留恋的契机，更为酒店的宣传推广做好了铺垫。

③在活动内容策划中，引用七夕元素，增添了活动的内涵，也使活动主题更为鲜明。

④汉服活动的开展为汉服文化提供推广宣传的机会，可以向客人普及介绍我国的汉服文化，也能吸引更多汉服爱好者。

⑤活动的目的在于带动酒店人气，促进消费，为了响应七夕节，酒店在产品促销的价格设计中也运用"77"，迎合主题。